Karin Fischöder,
Hilde Kranz-Uftring

Sozialmanagement

Besprechen und Reflektieren in der Praxis

Leitfaden für Praktikumsgespräche

3. Auflage

Cornelsen

Kontakt für Fortbildungen
Karin Fischöder und Hilde Kranz-Uftring sind sozialpädagogische Lehrkräfte mit langjähriger Erfahrung in der Praktikumsbetreuung. Sie bieten diverse Fortbildungen für Lehrkräfte und Studierende an und können unter

Fischoeder@bk-kohlstrasse.de oder
Kranz-Uftring@bk-kohlstrasse.de bzw. hikra@gmx.de

angesprochen werden.

Verlagsredaktion: Erich Schmidt-Dransfeld
Technische Umsetzung: Holger Stoldt, Düsseldorf
Umschlag: Claudia Adam, Darmstadt
Titelfoto: © Mikael Damkier / Fotolia.com
Illustrationen S. 53: Rainer Maria Zillikum

Informationen über Cornelsen Fachbücher und Zusatzangebote:
www.cornelsen.de/berufskompetenz

3. Auflage, 6. Druck 2023

Druck: H. Heenemann, Berlin

ISBN 978-3-06-450716-6

PEFC zertifiziert
Dieses Produkt stammt aus nachhaltig bewirtschafteten Wäldern und kontrollierten Quellen.
www.pefc.de
PEFC/04-31-1156

INHALTSVERZEICHNIS

Zu diesem Buch

Ausbildungsgespräche, Beratungsgespräche und Entwicklungsgespräche sind wichtiger Bestandteil von sozialpädagogischer Arbeit. Der vorliegende Leitfaden ist vor allem für Praxisberatungsgespräche gedacht und unterstützt Lehrkräfte und Anleiter/innen, die sozialpädagogische Praktika begleiten. Eines der Ziele ist, die Beratungssituation systematisch als Chance im Entwicklungsprozess von Praktikantinnen und Praktikanten zu gestalten. Praxisbesuche und Nachbesprechungen werden zugleich als sozialpädagogische Methode vermittelt. Mithilfe des Leitfadens, der ein Kartensystem nutzt, lassen sich Gespräche strukturieren, systematisch steuern und die Gesprächsbedürfnisse aller Beteiligten angemessen aufgreifen.

Die seit mehr als zehn Jahren erprobte und bewährte Methode entstand in der Ausbildung von Erzieher/innen. Sie ist auch im internationalen Raum auf Widerhall gestoßen. In die vorliegende Neuauflage sind unsere langjährigen Erfahrungen in der Arbeit mit dem Kartensystem eingeflossen und daraus haben sich auch weitere Veränderungen und Verbesserungen ergeben.

Im ersten Teil beziehen wir uns weiterhin auf unsere originäre Arbeit als Lehrkräfte in der Fachschule für Sozialpädagogik. An diesem Beispiel machen wir unsere „Pädagogische Grundhaltung" und die Theorie, die diesem Leitfaden zugrunde liegt, deutlich. Eine Erweiterung des Theorieanteils um Erkenntnisse in der Hirnforschung sowie Wissen über Beziehungsdidaktik von Miller untermauert unseren Leitfaden. Darüber hinaus gehen wir auch exemplarisch auf neue, zur Erprobung vorliegende Richtlinien ein und machen an vielen Praxisbeispielen deutlich, wie mit unserem System gearbeitet werden kann.

Eine inhaltliche und farbige Neustrukturierung und Neuentwicklung der Karten erleichtert das Auffinden der Karten und birgt eine Fülle von neuen Möglichkeiten. Die Karten sind so von uns angelegt worden, dass unser Leitfaden auch auf die Fachhochschularbeit und auf andere schulische Ausbildungslehrgänge wie die Sozial- oder Kinderpflege übertragen werden kann.

Im zweiten Teil des Leitfadens übertragen wir die Grundidee auf die Beratungsarbeit mit Klienten. Auch hier können die dem Leitfaden zugrunde liegende, humanistische Grundhaltung, der strukturierte Ablauf und das Erleben von Selbstwirksamkeit ein Mittel und eine Unterstützung von gelingenden Beratungen sein. Hierbei ist es möglich, unser Verfahren in verschiedenen Arbeitsfeldern einzusetzen. Denkbar wäre der Einsatz z.B. in der (Jugend-)Justizvollzugsanstalt, in der Arbeit mit psychisch Kranken oder in der Arbeit mit drogenabhängigen Klienten.

Im dritten Teil befinden sich Instrumente der sozialpädagogischen Arbeit sowie Drehbücher zur Einübung des Kartenreflexionssystems. Der Hauptteil der farbigen Karten ist abgedruckt und die Karten können ausgeschnitten werden. Ein erweitertes Set mit Karten auch für weitere Anwendungsfelder ist per Download verfügbar (s. Link auf Seite 51).

Einführung und theoretischer Hintergrund

1

1.1 Einführung

Praktika sind zunehmend systematischer bzw. verpflichtender Bestandteil der Ausbildung und wichtiges Instrument ist das Praxisberatungsgespräch. Praktikant(inn)en werden in der Praxis beim Durchführen von Aktionen, Gestalten von unterschiedlichen Alltagssituationen oder bei konkreten Handlungsweisen beobachtet, dann beraten und meist auch bewertet/benotet. Oftmals werden diese Situationen sowohl von den Praktikant(inn)enals auch von den Betreuern, Ausbildern oder Lehrkräften als belastend empfunden. Deshalb gibt es in vielen der Einrichtungen und Schulen Bestrebungen, die Situation der Praxisbesuche an sich und deren Nachbesprechung zu verändern.

Gehört das Praktikum zu einer schulischen Ausbildung oder einem Studium, macht die Lehrkraft einen Praxisbesuch. Jede Lehrkraft entwickelt dabei ihren eigenen persönlichen Stil. Das bedeutet, die Praktikantinnnen und Praktikanten der Einrichtungen sind der Individualität der Lehrkraft immer wieder neu ausgesetzt. Dem Anliegen der Ausbildung, die persönliche und fachliche Kompetenz der Praktikantinnen und Praktikanten zu fördern, ist dieser Vorgang nicht dienlich.

Praktikantinnen und Praktikanten haben häufig ihren Beruf (z.B. Erzieher/in oder Sozialpädagoge/Sozialpädagogin) gewählt, weil sie sich aus früherer Erfahrung heraus für den Umgang mit Kindern, Jugendlichen oder Klienten geeignet halten („Ich wollte immer schon mal was mit Kindern machen“) und haben die Erwartung an die Ausbildung, dass sie ihnen ansprechende Arbeitstechniken vermittelt. Außerdem befinden sie sich oft in einem Lebensabschnitt, in dem sie ihre eigene Identität und Persönlichkeit entwickeln. Zu dieser Erwartung passt die Situation des Praxisbesuches oftmals gar nicht. Hier ist nicht mehr unbefangener Umgang mit Kindern (bzw. Klienten) gefragt, sondern reflektiertes pädagogisches Handeln in einer pädagogischen Institution. Dieses Handeln wird von außen bewertet und oft in Beziehung gesetzt zu persönlichen Eigenschaften der Praktikantin/des Praktikanten. Ein Praxisbesuch zerstört also häufig die freudige Grundeinstellung der Praktikant(inn)en und verunsichert sie in ihrer persönlichen Entwicklung.

Für die Anleiter/innen ist ein Praxisbesuch oft eine Situation, in der sie wieder in die alte Praktikantenrolle gedrängt werden, weil sie sich für den Erfolg des Besuches mit verantwortlich machen. Weil sie nicht am Unterricht in der Schule teilgenommen und ihre Ausbildung evtl. unter anderen Bedingungen gemacht haben, ist es für sie ggf. eine Überraschung, was die besuchende Lehrkraft zum Thema macht und was sie anschließend wie bewertet.

Die Folge dieser gesamten „Besuchssituation“ ist dann häufig, dass sie von den Praktikanten als eine oft gegen sie gerichtete persönliche Beurteilung wahrgenommen werden kann, die sie ihrer persönlichen Beziehung zur Lehrkraft zuschreiben („die kann mich nicht leiden“) und nicht als eine fachliche pädagogische Beratung ihres Handelns in der Praxis. Die Anleitung hingegen achtet darauf, dass „ihre Einrichtung“ einen guten Eindruck hinterlässt. Das Zusammenwirken von Praktikant/in und Anleitung aus ihrer speziellen Situation heraus kann dazu führen, dass für die besuchende Lehrkraft eine

„Show“ abgezogen wird, um eine gute Note zu erreichen. Die pädagogische Kompetenz der Praktikant(inn)en entwickelt sich so nicht weiter. Er/Sie entwickelt eine Strategie, gute Noten zu erreichen, aber keine Strategie, sich selbst pädagogisch zu entwickeln.

Die Situation ist um so bedauerlicher, da die Praktikant(inn)en der Praxis hohe Bedeutung zumessen und sie im Gegensatz zur Schule als die eigentlich kompetente Ausbildungsstelle ansehen, in der man lernt, pädagogisch zu „überleben“. Die Chance für die Schule oder Hochschule, anregend und entwicklungsfördernd zu wirken, wird unter den umrissenen Besuchsbedingungen häufig verpasst.

Unter diesen Bedingungen lernen die Praktikant(inn)en die Reflexion und Gesprächsführung nicht als eine sozialpädagogische Methode kennen, die ihnen beispielhaft in der Beratungssituation vermittelt werden könnte.

Praxisbesuche und Nachbesprechungen sind entscheidende Chancen im Entwicklungsprozess von Praktikant(inn)en zu professionellen Fachkräften und sollten deshalb von Anfang an von ihnen als fachliche sozialpädagogische Methode erfahren werden, die es ihnen erlaubt, angstfrei ihre fachliche und persönliche Kompetenz zu entwickeln.

Ausgehend von diesem Ziel versucht das vorliegende Arbeitsbuch die Reflexion in der Praxis selbst zum Thema zu machen, indem aufrissartig, ausgehend von der jetzigen Situation (Einleitung), der theoretische Hintergrund von Selbstentwicklung und Persönlichkeitsveränderung aufgezeigt wird (Kap. 1.2), wie sie beispielsweise in der Erzieher/innenausbildung seit langem eingefordert wird (Kap.1.3) und punktuell auch in entsprechenden Richtlinien auftaucht. Anschließend werden allgemeine Aspekte für den günstigen Verlauf eines Praxisbesuchs vorgestellt (Kap. 2.1), deren Einhaltung durch die Struktur des hier entwickelten Leitfadens abgesichert werden soll (Kap. 2.2). In dem dann folgenden Kapitel 3 wird der Umgang mit dem Leitfaden beschrieben, Erfahrungen und weitere Möglichkeiten werden aufgezeigt.

Im Kapitel 4 übertragen wir unsere Idee auf die Beratungsarbeit mit Klienten. Im Anhang sind als Beispiele „Drehbücher“ abgedruckt, die den Einsatz der Methode in kleinen Fallbeispielen nachzeichnen und veranschaulichen.

Theoretischer Hintergrund 1.2

Der Ansatzpunkt, die Praktikanten und Praktikantinnen bzw. Auszubildende zu aktiven Gestaltern der wichtigen Schnittstelle von Schule und Praxis zu machen und sie hier auch in die Verantwortung für ihre eigene Entwicklung zu nehmen, wird gestützt durch verschiedene theoretische Ansätze erziehungswissenschaftlich relevanter Forschung:

1. In der Entwicklungspsychologie hat sich das Bild vom Menschen geändert: Immer mehr setzt sich die Auffassung durch, dass der Mensch ein sich selbst entwickelndes Wesen ist und dass diese Entwicklung von dem einzelnen Menschen selbst gesteuert/initiiert wird. Hierbei beziehen wir uns unter anderem auf den Konstruktivismus.

Wenn für Kinder gilt: „Das Kind ist aktiver Konstrukteur seiner Entwicklung“ sollte diese Prämisse auch für unsere Schüler/innen / Studierenden / Auszubildenden gelten. Schüler/innen, Studierende oder Auszubildende sind aktive Gestalter ihres Lernprozesses oder sollten es zumindest sein.

Grundannahmen hierfür sind:

- Schüler/innen, Studierende, Auszubildende haben Kompetenzen,
- Schüler/innen, Studierende, Auszubildende sollen ihre Kompetenzen entfalten und
- Schüler/innen, Studierende, Auszubildende sollen neue Kompetenzen erlernen!

Das sich Bilden und Weiterentwickeln ist aber auch immer ein sozialer Bildungsprozess und ein Prozess der Konstruktion. Der soziale Konstruktivismus betrachtet die soziale Interaktion als den Schlüssel zur Wissens- und Sinnkonstruktion. Lernen findet interaktionistisch – durch Zusammenarbeit – statt.

Bezogen auf unsere Arbeit bedeutet dies, durch Zusammenarbeit von Auszubildenden/Schülern, Lehrkräften Praxisanleitern, Ausbildern ... Hierbei ist wichtig, welche Bedeutung wir dem Geschehen geben, weniger dem Erwerb von Fakten oder Sachwissen.

Die verschiedenen Standpunkte und Sichtweisen werden miteinander kommuniziert und abgeglichen.

Wir alle wissen, dass unsere Wahrnehmung subjektiv ist und wir die Realität aufgrund unserer eigenen Vorerfahrungen, Verhaltensmuster und Bedürfnisse unterschiedlich wahrnehmen.

Der Mensch hat schon sehr früh die Fähigkeit, die für seine Entwicklung wichtigen Voraussetzungen zu fördern und für sich zu beanspruchen. Diese Fähigkeit zur Initiative wird ihm oftmals im Elternhaus, aber auch durch pädagogische Institutionen wie Schule und Ausbildung genommen, deren erstes Ziel oft Anpassung an vorhandene Denkstrukturen ist. Hier liegt wahrscheinlich auch ein Grund für ein Versagen von pädagogischen Institutionen: Die Betroffenen deuten das Anliegen der Institution in ihrem Sinne um und folgen nicht dem offiziellen Auftrag. Das heißt: Schüler/innen, Studierende, Auszubildende lernen in der Schule oder Ausbildung sehr viel, nur nicht das, was sich die Schule zum Ziel gesetzt hat. Aufgabe einer pädagogisch gestalteten Situation wäre es also, den Betroffenen die Eigeninitiative zur Selbstentwicklung zu ermöglichen und ihnen Partner zur Seite zu stellen, die ihnen helfen, ihre Wahrnehmung, ihre Sicht der Dinge zu kommunzieren, abzugleichen und mit Bedeutung zu versehen.

2. Aus dem Bereich der Lernforschung verwies F. Vester schon früh darauf, dass Wahrnehmungen und Informationen durch den Menschen nicht nur passiv verarbeitet, sondern von jedem Subjekt aufgrund seiner eigenen bisherigen Erfahrungen jeweils individuell bearbeitet werden und dadurch für den einzelnen Menschen subjektiven Sinn

bekommen (siehe das Standardwerk „Denken, Lernen und Vergessen", erstmals 1978 erschienen, 2001 in 25. Auflage publiziert).

In Lern-/Beratungssituationen ist also nicht nur darauf zu achten, dass richtige Informationen vermittelt werden, sondern auch darauf, wie die Informationen vom Rezipienten subjektiv verarbeitet werden. Es ist weiterhin dafür Sorge zu tragen, dass nicht andere Faktoren – zum Beispiel die persönliche Beziehung – eine Verarbeitung verhindern.

3. Reinhold Miller (Beziehungsdidaktik, Beltz Verlag) geht besonders auf die Beziehung zwischen Lehrkraft und Schüler/innen/ Studierenden/ Auszubildenden ein, wenn er bewusste und systematische Beobachtung und Reflexion innerhalb zwischenmenschlicher Beziehungen thematisiert. Einhergehend mit einer Klärung von Haltungen und Entscheidungen, mit der Vermittlung beziehungsrelevanter Inhalte, mit der Erörterung ethnischer Fragen und mit Lernen in adäquaten „Übungsfeldern" sei hier ein Bezug zu unseren Praxisbesuchen gestellt.

In dem Moment, wo ein/e Schüler/in, Studierende, Auszubildende die Praxislehrerin, den Praxislehrer als Fachfrau / Fachmann wenig anerkennt, ist hier ein Lernen kaum möglich.

Im Folgenden beschreibt R. Miller zwei Aspekte, die für die Praxisgespräche von Bedeutung sind:

Ziel einer Beziehungsdidaktik ist es, die Einzelnen in ihrem Selbst zu stärken, die Beziehungen untereinander entwicklungsfördernd, belastungsarm, stressreduziert und sozialverträglich (gewaltfrei) zu gestalten und zu demokratischen humanen Einstellungen und Verhaltensweisen zu führen. Da Didaktik als Praxis und Theorie des Lernens und Lehrens definiert wird, ergibt sich für eine Beziehungsdidaktik folgende Unterscheidung:

1. a) Beziehungslernen als Verhaltensänderung oder Bestätigung innerhalb zwischenmenschlicher Beziehungen durch Handeln und Erfahrung
2. b) Beziehungslehren als Wissensvermittlung und theoretische Aufarbeitung von Vorgängen innerhalb zwischenmenschlicher Beziehungen durch Wissenserwerb und Reflexion.

4. In der Soziologie weist Pierre Bourdieu auf die Bedeutung des Einzelnen hin, seine Handlungen, Wahrnehmungen, Beurteilungen selbst zu entwickeln. „Der Habitus als System von Dispositionen und Schemata fungiert als Denk-, Handlungs- und Wahrnehmungsmatrix. Schemata sind im Verlauf der kollektiven Geschichte ausgebildet worden und werden von den Akteuren in ihrer je eigenen Geschichte erworben." (C. Bohn/A. Hahn: Pierre Bourdieu. In: D. Kaesler [Hrsg.]: Klassiker der Soziologie, Bd. 2. München, 5. Auflage 2007) Aus ihrem „Habitus" – zentraler Begriff in der Theorie Bourdieus – heraus gehen Menschen subjektiv auf neue Probleme zu und bearbeiten sie auf dessen Grundlage. Für die Ausbildung von sozialpädagogischen Fachkräften und insbesondere von jungen Erzieherinnen und Erziehern bedeutet dies, dass wichtige Situationen auf, um mit Bourdieu zu sprechen, deren Habitus abgestimmt sein müssen, um sie über-

haupt zu erreichen und sie selbst in die Lage zu versetzen, diesen gegebenenfalls zu verändern.

5. Ein ganzheitliches Konzept zum subjektiven Lernen stellt E. Kösel in seinem Buch „Die Modellierung von Lernwelten“ vor (1993 erschienen mit dem Untertitel „Ein Handbuch zur subjektiven Didaktik“; aktuell verfügbar als 4. Auflage in mehreren Bänden ab 2002 im SD-Verlag, Bahlingen). Ausgehend von der Kritik an herkömmlicher Erziehungspraxis deklariert E. Kösel die „prinzipielle Autonomie von Lebewesen“, aus der sich notwendig eine subjektive Didaktik entwickelt.

6. Kommen wir zu einer weiteren Grundlage unseres Verfahrens. Hierbei beziehen wir uns auf die Hirnforschung. (M. Spitzer/ G. Hüther u.a.). Dazu eine Zusammenfassung der für uns wesentlichen Punkte:

Wir kommen nicht mit einem fertig ausgebildeten Gehirn auf die Welt, sondern Gehirne entwickeln sich. Es gibt besonders in den ersten Jahren sensible Phasen, aber wir können unser ganzes Leben dazulernen. Unser Gehirn lernt permanent. Erfahrungen führen zu Verschaltungen und Verfestigungen. Es bilden sich (Verhaltens-)Muster und spezielle Sichtweisen und Blickwinkel heraus. Ein Mensch lernt am besten, wenn er am Thema interessiert ist, ein gewisses Anregungspotenzial vorhanden ist und wenn er sich sicher und angstfrei fühlt. Bei Stress und großer Unsicherheit schaltet das Hirn um. Die unangenehmen Reize werden in einer tieferen Region des Gehirns (im Mandelkern) verarbeitet, das Gehirn ist nur noch mit der Abwehr von Angst und Gefahr beschäftigt. So werden traumatische Erlebnisse zum Teil sogar ganz verdrängt, ein kreatives Lernen kann aber auch bei weniger schwerwiegenden Erlebnissen nicht mehr stattfinden. Durch positive Erfahrungen dagegen kann sich der/die Schüler/in öffnen und sich neuen Herausforderungen stellen.

Gehen wir abschließend zur Theorie auf die Parabel von den fünf Gelehrten ein.

Es waren einmal fünf weise Gelehrte. Die waren alle blind. Diese Gelehrten wurden von ihrem König auf die Reise geschickt, herauszufinden, was denn ein Elefant sei. So machten sich die Blinden auf die Reise nach Indien. Dort wurden sie zu einem Elefanten geführt. Die fünf Gelehrten standen im Kreis um das Tier und versuchten, sich durch Ertasten ein Bild von dem Elefanten zu machen.

(Quelle: Wikimedia Commons; http://commons.wikimedia.org/wiki/File:Blind_monks_examining_an_elephant.jpg; von: Hanabusa Itchō, 1888)

> Zurück bei ihrem König, berichteten sie nun, was ein Elefant ist. Der erste Weise hatte am Kopf des Tieres gestanden, und den Rüssel des Elefanten betastet. Er sprach: „Ein Elefant ähnelt gewiss einer Wasserpfeife." Der zweite Gelehrte hatte das Ohr des Elefanten ertastet und sprach: „Nein, ein Elefant ist vielmehr wie ein großer Fächer." Der Dritte sprach: „Aber nein, ein Elefant ist wie eine dicke Säule." Er hatte das Bein des Elefanten berührt. Der vierte Weise sagte: „Es ist so: ein Elefant ist wie ein kurzes Seil mit Fransen am Ende.", denn er hatte nur den Schwanz des Elefanten ertastet. Der fünfte Weise berichtete seinem König: „Ein Elefant ist wie eine Art Königsthron." Dieser Gelehrte hatte den Rücken des Tieres berührt.Nach diesen widersprüchlichen Äußerungen entstand eine große Verwirrung und die Gelehrten fürchteten sich vor dem Zorn des Königs, denn jeder neue Bericht überführte die anderen der Unwahrheit. Jeder war sich sicher, dass er recht hätte und sie konnten sich nicht darauf einigen, was ein Elefant nun wirklich sei.
>
> Doch der König lächelte weise: „Ich danke euch, denn nun weiß ich, was ein Elefant ist." Jetzt erkannten die Gelehrten, dass kein Grund für einen Streit bestand. Hatten sie doch gemeinsam die wahre Gestalt des Elefanten erfahren.

Diese Parabel findet man vielfach im Internet und der Literatur und es wird angegeben, dass der Verfasser unbekannt ist. Wir sind vor einigen Jahren darauf gestoßen. Unserer Meinung nach zeigt sie ganz gut, dass eigentlich jede Religion oder Philosophie nur einen Teil der Wahrheit besitzt. Erst der Austausch ermöglicht das Erfassen des gesamten Bildes.

An dieser Stelle sei auf die doppelte Didaktik – oder auch doppelte Vermittlungspraxis genannt – der sozialpädagogischen Berufe noch einmal gesondert eingegangen. Wenn Unterrichtsinhalte der Ausbildungsschulen selbst diese beschriebenen Erkenntnisse in ihrer Vermittlung als Basis ihrer Vermittlung festlegen, so sollten Schüler, Studierende und Auszubildende ebenso nach diesen Kriterien ausgebildet und begleitet werden. Für unser Beratungsgespräch bedeutet dies, dass das das Geschehen auf verschiedene Art erklärt werden kann. Ideen, Lösungsansätze müssen ausgetauscht, verwandelt und ausgeweitet werden.

Voraussetzung für ein solches Arbeiten ist

vonseiten des Schülers / der Schülerin

- sich sicher und selbstbewusst zu fühlen, um seine eigenen Sichtweisen zu vertreten
- eine entsprechende Ausdrucksfähigkeit zu besitzen

vonseiten der Fach- und Lehrkräfte

- über übergeordnetes Fachwissen in Bezug auf Konstruktivismus, Hirnentwicklung und fachspezifische Gebiete zu verfügen
- eine Haltung zu vertreten, die von einer „Gleichwertigkeit" der am Gespräch Beteiligten ausgeht
- über eine sehr hohe Kommunikations- und Dialogbereitschaft zu verfügen
- eine eigene reflektive Kompetenz zu besitzen und eine Offenheit für neue Lernprozesse zu haben.

1.3 Entwicklungen in der Ausbildung – exemplarisch am Beispiel von Erzieher/innen

Die Ausbildung hat sich mehrfach verändert. Im ersten Schritt von der „Kindergärtnerinnenausbildung“ zu einer Erzieher/innenausbildung war angestrebt, sie auf eine wissenschaftlichere Basis zu stellen. Diese wurde abgelöst durch eine Ausrichtung auf eine mehr fachlich orientierte Ausbildung. Der theoretische Schwerpunkt lag stärker auf der Vermittlung sozialwissenschaftlicher Theorien, in der Praxis setzte sich die Angebotsdidaktik durch (Ablösung der Bewahrpädagogik, Bildungsauftrag des Kindergartens, Frühförderung). Dies wurde wiederum abgelöst vom situationsorientierten Ansatz in seinen vielfältigen Ausprägungen. Immer wieder kam aber die Diskussion darüber auf, dass das in der (Fach-)Schule vermittelte Fachwissen nicht ausreichte, um dem Anspruch eines „guten“ Erziehers, einer „guten“ Erzieherin zu genügen. Die beruflichen Anforderungen seien eng verknüpft mit einer gelungenen Persönlichkeitsentwicklung, wobei es schwierig war, diesen Begriff zu definieren (ebenso den Begriff einer „guten Erzieherin“). Neben den fachlichen Fähigkeiten entwickelten sich die Kompetenzen, mit anderen im Team zu arbeiten und pädagogisch reflektiert sein eigenes Handeln abschätzen zu können, zu weiteren wichtigen Kriterien für einen „guten Erzieher“/eine „gute Erzieherin“.

Auch in der momentanen Situation in Deutschland zeigt die Ausbildungslandschaft deutlich auf, dass diese Diskussion weitergeführt wird. Die meisten Erzieherinnen werden an Fachschulen ausgebildet, während ein kleiner Teil an Hochschulen zur „Frühpädagogin“ ausgebildet wird (was Studienberechtigung voraussetzt). Zum Teil gibt es Kooperationen bzw. eine Anerkennung von Studieninhalten seitens der Hochschule.

Niederschlag in Richtlinien

Die angeführte Veränderung in den sozialwissenschaftlichen Theorien und die allgemeine Tendenz in der Erzieher/innenausbildung wurde unseres Wissens nach in Deutschland zum ersten Mal aufgegriffen und umgesetzt in den Rahmenrichtlinien (RL) zum Ausbildungsgang Erzieher/Erzieherin – Allgemeine Hochschulreife in der damaligen Kollegschule Nordrhein-Westfalen (heute Berufskolleg).

Bei der Entwicklung des Lehrplans in der Kollegschule wurde auf das Konzept der Entwicklungsaufgaben nach Havighurst zurückgegriffen (A. Gruschka: Wie Schüler Erzieher werden. Wetzlar 1985. S. 5 ff.). Die Entwicklungsaufgabe ist für die Jugendlichen einmal die Ableistung der allgemeinen jugendspezifischen Entwicklungsaufgaben, wozu die Berufswahlentscheidung gehört. Im Fall des Berufswunsches Erzieher/in bekommen die allgemeinen Entwicklungsaufgaben der Jugendphase eine besondere Brisanz, da die Entwicklung zur Erzieherin/zum Erzieher auch die Entwicklung der Persönlichkeit beinhaltet und damit mit den allgemeinen Aufgaben dieser Phase zusammenfällt.

Erweitert wurde das Konzept dadurch, dass aus dem Aspekt der Berufswahlentscheidung vier Entwicklungsaufgaben abgleitet werden, die als allgemeingültig für die Anbahnung der Übernahme einer Berufsrolle angesehen werden (A. Gruschka, a.a.O, S. 47).

Diese vier Entwicklungsaufgaben sind (ebd S. 48/49):

1. Entwicklung eines Konzepts der zukünftigen Berufsrolle
2. Entwicklung eines Konzepts der pädagogischen Fremdwahrnehmung
3. Entwicklung eines Konzepts pädagogisch-praktischen Handelns
4. Entwicklung einer Strategie der Professionalisierung im Berufspraktikum

Diesen Entwicklungsaufgaben werden jeweils spezifische Kompetenzen zugeordnet.

Heute sind in zahlreichen Richtlinien verschiedener Bundesländer die Kernaussagen des dargestellten Ansatzes übernommen. Insgesamt wird die Entwicklung folgender Kompetenzen erwartet (vgl. z.B. RL NRW):

- Fachkompetenzen, die Studierende befähigen, berufliche Aufgaben selbstständig, sachgerecht und methodengeleitet zu bearbeiten und Ergebnisse zu beurteilen,
- Human- und Sozialkompetenzen, die befähigen, verantwortungsvoll zu handeln sowie im Team Kommunikationsprozesse zu gestalten,
- Methodenkompetenzen für ein zielgerichtetes, planmäßiges Vorgehen und selbstständiges Arbeiten,
- Lernkompetenzen als Grundlage, um aktiv und eigenständig an gesellschaftlichen und beruflichen Veränderungen teilnehmen zu können.

Die Richtlinien sprechen zusammenfassend von Handlungskompetenzen. Das geht einher mit der Individualisierung der Ausbildung; übernehmen die Studierenden daraufhin Eigenverantwortung für ihren Ausbildungsgang, muss sich die Beratungssituation darauf einrichten.

Seit mehreren Jahren gibt es (in NRW) in der Erzieher/innenausbildung die Lernfeldorientierung. So gehen die Richtlinien von konkreten praxisrelevanten Themen aus und machen die Arbeit mit Kindern und Jugendlichen mehr zum Thema *(Quelle: NRW Jan. 2010): „Die Bearbeitung von Entwicklungsaufgaben durch die Studierenden geschieht im Rahmen von vier Lernfeldern, die sich auf zentrale berufliche Aufgaben von Erzieherinnen und Erziehern beziehen. Jedes Lernfeld verbindet fachliche, gesellschaftliche und individuelle Aspekte des beruflichen Handelns. Lernfelder erschließen zentrale Handlungsfelder der Kinder- und Jugendhilfe durch Kompetenzbeschreibungen und Zuordnung von Fachinhalten. Der Berufsbezug ist strukturelles Leitkriterium der Ausbildung. Kompetenzbeschreibungen und Fachinhalte der Lernfelder legen lernorganisatorisch eine verbindliche Bildungsstruktur fest. Lernfelder sind als Handlungsaufgaben formuliert. Sie bündeln thematisch die berufsrelevanten Inhalte und Ziele, die über den Weg der Bearbeitung der Entwicklungsaufgaben in konkreten Lernsituationen von den Studierenden angeeignet werden.*

Lernfelder:

Lernfeld 1: Kinder und Jugendliche in ihrer Lebenswelt verstehen und Beziehungen zu ihnen entwickeln

Lernfeld 2: Gruppenpädagogisch handeln und soziales Lernen fördern

Lernfeld 3: Entwicklungs- und Bildungsprozesse unterstützen

Lernfeld 4: Professionell in sozialpädagogischen Einrichtungen arbeiten (letzte Ausbildungsphase)“

Ausblick auf die zukünftigen Richtlinien in der Erzieher/innenausbildung

Das „Kompetenzorientierte Qualifikationsprofil“ für die Ausbildung von Erzieherinnen und Erziehern an Fachschulen/Fachakademien (Entwurf 11.03.2011) bildet nun für einzelne Bundesländer die Grundlage zur besseren Vergleichbarkeit der erworbenen beruflichen Qualifikation. So wird mit der Beschreibung der einzelnen beruflichen Handlungsfelder eine weitere Professionalisierung des Berufsbildes „Erzieherin“ angestrebt, ebenso ein Kontext zu den an der Hochschule ausgebildet werdenden „Frühpädagogen“ aufgezeigt.

Die Kompetenzbeschreibungen verdeutlichen das Niveau der Ausbildung, grenzen ab und können aber auch eine Anschlussfähigkeit auf FHR-Niveau beschreiben (Ausrichtung nach DQR).

Die Kompetenzbeschreibungen in den einzelnen Handlungsfeldern (fachschulisch und fachhochschulisch) nehmen Bezug auf die Eckpunkte des Orientierungsrahmens von Bildung und Betreuung von Kindern von 0 bis 10 Jahren.

Die Handlungsfelder werden nun wie folgt beschrieben:

1. Kinder und Jugendliche und junge Erwachsene in ihrer Lebenswelt verstehen und pädagogische Beziehungen zu ihnen gestalten
2. Entwicklungs- und Bildungsprozesse anregen, unterstützen und fördern
3. In Gruppen pädagogisch handeln
4. Erziehungs- und Bildungspartnerschaften mit Eltern und Bezugspersonen gestalten
5. Institution und Team entwickeln
6. In Netzwerken kooperieren und Übergänge gestalten

Die genannten Handlungsfelder können nach dem didaktischen Prinzip der vollständigen, sozialpädagogischen Handlung gestaltet werden. Prozessschritte sind: Wissen und Verstehen, Analyse und Bewertung, Planung und Konzeption, Durchführung, Reflexion und Evaluation.

Als zweite Bezugsebene werden im deutschen Qualifikationsprofil die Kompetenzkategorien/Kompetenzdimensionen genannt: Sozialkompetenz, Selbstständigkeit, Wissen und Fertigkeiten.

Die „Professionelle Haltung“ als grundlegende Ausrichtung der Ausbildung greift die verschiedensten Kompetenzen auf und benennt die selbstständige Bearbeitung als Grundqualifikation von komplexen fachlichen Aufgaben in verschiedenen Arbeitsfeldern.

Interessant sind hier auch die Benennung der Querschnittsaufgaben, bzw. die Beschreibung der Bedeutung von Partizipation, Inklusion, Prävention und Wertevermittlung für die Ausbildung in der sozialpädagogischen Praxis (alle Arbeitsfelder).

Praxisberatungsgespräche

2

2.1 Allgemeine Kriterien für Praxisberatungsgespräche

Praxis-/Ausbildungsgespräche müssen unterschieden werden nach:

- Entwicklungsgesprächen,
- Eignungsgesprächen und
- Konfliktgesprächen.

Geht es um Entwicklungsgespräche, sind nachfolgende Aspekte von herausragender Bedeutung für die Studierenden, Schüler/innen bzw. Klienten:

- der Gesprächsablauf muss nachvollziehbar, überschaubar sein und
- von positiver Wertschätzung geprägt sein, an den Stärken anknüpfen, also ressourcenorientiert ausgerichtet sein.

Das Kartenreflexionsverfahren bietet in diesen Punkten eine gute Wirksamkeit und kann durch weitere Methoden ergänzt werden. So kann z.B. ein „Glücksbringer" (Stein, Schweinchen, Hufeisen, Marienkäfer), der durch die Kartenmethode führt, ein „Türöffner oder Eisbrecher" für das Gespräch sein. Eine weitere Methode ist der Einsatz von Bildern. Symbolkarten können den emotionalen Zugang zum Geschehen erleichtern (Pfad der Stolpersteine, Weg der kleinen Schritte, Quelle der Erkenntnis ...). Bekanntlich gilt: „Ein Bild sagt mehr als tausend Worte!"

Für Beratungs- und Bewertungssituationen lassen sich allgemeine wichtige Kriterien festlegen. Die nachfolgenden Aussagen beziehen sich auf eine Befragung von Schüler/innen und Praxisbetreuungslehrkräften sowie auf Arbeitsmaterialien des Sozialpädagogischen Instituts NRW (SPI NRW: Verzahnung von praktischen und schulischen Lernfeldern in der Erzieher/innenausbildung – Projekt-Post Nr. 3, Nov. 97), die bis heute nichts an ihrer Bedeutung verloren haben und sinnvoll verallgemeinerbar sind. Hinzu kommen theoretische Ausführungen zur Gesprächsführung.

Für ein gelungenes Auswertungsgespräch sind ein angenehmer äußerer Rahmen, eine klare Struktur sowie die Wertschätzung und die Kongruenz (Echtheit) der beratenden Personen von großer Bedeutung. Die Beteiligten müssen sich als selbstwirksam erleben, als aktiv Beteiligte. Das Gespräch muss individuell auf den/die Studierende, Schüler/in, Auszubildende oder auch Klienten ausgerichtet sein. Das Gespräch sollte einen Zeitraum von 45 Minuten nicht überschreiten.

Der äußere Rahmen

Es empfiehlt sich ein ruhiger Ort für das Nachgespräch. Als eine angenehme und kommunikative Sitzordnung wird das „Über-Eck Sitzen" oder das Sitzen an einem Tisch empfunden. Diese Sitzformen ermöglichen Blickkontakt, lassen aber auch Distanz zu.

Die Festlegung der Gesprächsführung, der Zeitstruktur und der Gesprächsinhalte müssen vorweg klar vereinbart werden.

Der Gesprächsverlauf

Als Berater/in ist es vor dem Beratungsgespräch wichtig, sich zu vergegenwärtigen, dass der Praktikant/die Praktikantin meist noch im Geschehen verhaftet ist und nicht die sofortige Distanz zur kritischen Auseinandersetzung aufbringen kann. Eine Pause bzw. kurze Rückzugszeit für den Praktikanten/die Praktikantin ist demnach empfehlenswert.

Grundsätzlich halten wir es im Rahmen der positiven Verstärkung und der persönlichen Wertschätzung der Praktikant(inn)en für sinnvoll und gut, zu Anfang die positiven Aspekte der Aktion von allen Beteiligten ausführlich herauszustellen. Hierbei ist es für ein gelingendes Gespräch unabdingbar, dass die guten Anteile des Geschehens nicht nur kurz erwähnt werden, sondern explizit geachtet werden (an den Stärken arbeiten). Ein kurzes obligatorisches Loben, um dann schnell zu den vermeintlichen Fehlern überzugehen, ist zu vermeiden.

Die Praktikantinnen und Praktikanten stehen in der Regel noch unter dem Druck der Prüfungssituation und können ein distanziertes Herangehen an die Situation nur bedingt leisten. Dies bedeutet für den Gesprächsverlauf, dass sie Zeit bekommen sollten, um ihre Gedanken, Wahrnehmungen und Gefühle frei äußern zu dürfen.

Für die Lehrkraft ist hierbei wichtig, zu versuchen, sich in den/die Schüler/in einzufühlen und ihren Gedankengängen und Wahrnehmungen zu folgen.

Das Festlegen der weiteren Gesprächsinhalte sollte der Schüler (Praktikant)/die Schülerin (Praktikantin) mitbestimmen. Die Stellungnahme aller am Gespräch Beteiligten zu den verschiedenen Gesprächspunkten ist von großer Relevanz.

Das Schweigen einer Person, z.B. der Praxisanleiterin/des Praxisanleiters wird häufig als Desinteresse, Kritik oder Nichtakzeptanz interpretiert und führt zu Fantasien und Konfusion bei den Schüler/innen. („Man kann nicht nicht kommunizieren" = 1. Axiom von Watzlawick).

Die Lehrkraft und die Praxisanleitung sollten ihre Sichtweise des Geschehens darlegen und einzelne Aspekte beispielhaft erörtern. Hier sind konkrete Aussagen und das exemplarische Aufzeigen von alternativen Handlungsmöglichkeiten erwünscht (Fremdwahrnehmung der Praktikantin/des Praktikanten).

Fehler, die vermieden werden müssen

Die beratende Lehrkraft sollte darauf verzichten, akribisch jeden Fehler aufzulisten, um das Gespräch nicht zu überfrachten. (Jeder Mensch ist nur bedingt aufnahmefähig.) Ein ständiges Kritisieren der Praktikantin/des Praktikanten durch die Lehrkraft kann dazu führen, dass der/die Praxisanleiter/in Partei für die Studierenden ergreift, sich zu ihrem Anwalt macht und es so zur Parteienbildung kommt. Es sollten nur echte Fragen gestellt werden, ein bloßes Frage-Antwortspiel – wie es gegeben wäre, wenn die Lehrkraft vom Praktikanten spezielle, vorbedachte Antworten erwartet – sollte nicht stattfinden.

Abschluss des Gesprächs
Zum Abschluss des Beratungs-/Bewertungsgespräches muss eine Auswertung des Gesprächs erfolgen. Eine kurze Zusammenfassung durch die Praktikantin/den Praktikanten erscheint sinnvoll. Nicht immer ist eine spontane Benotung notwendig, sondern häufig kann auch die Vereinbarung der nächsten methodischen und pädagogischen Schritte sinnvoll sein.

Ausblick
Die nächsten Praxisaufgaben, besonders die Schwerpunkte des nächsten Besuchs, sollten vorausschauend und verbindlich geplant werden.

Fazit

Grundvoraussetzung für ein gelingendes Beratungs- und Bewertungsgespräch bleibt die Akzeptanz der Beteiligten untereinander. Fühlt sich die Praktikantin/der Praktikant auf der Beziehungsebene unverstanden, als Persönlichkeit gering geschätzt, werden auch die Botschaften auf der Sachebene nicht mehr angenommen. („Jede Kommunikation hat einen Inhalts- und einen Beziehungsaspekt. Letzterer bestimmt den anderen und ist daher eine Metakommunikation." = 2. Axiom von Watzlawick) Hierbei spielt die Kongruenz (Echtheit) des Beraters/der Beraterin eine große Rolle. Die sog. „digitale" Kommunikation (Worte, Sprache) muss mit der „analogen" Kommunikation (Gestik, Mimik, Tonfall) übereinstimmen. Bei Abweichungen kommt es zu Doppelbotschaften und Uneindeutigkeiten. Merkt die Lehrkraft dieses, muss sie/er dies durch sogenannte Rückkoppelungsprozesse, das heißt durch Fragen auf der Metaebene, klären.

2.2 Das Reflexionssystem in der Praxis – Leitfaden

Ein spezielles Verfahren, welches unserer Meinung nach schon von der Struktur her die Voraussetzungen schafft, die o.a. allgemeinen Punkte zu berücksichtigen, hat A. Goll für die Ausbildung von Lehramtsanwärterinnen/ Lehramtsantwärtern entwickelt (A. Goll: Unterrichtsnachbesprechungen mit Lehramtsanwärterinnen und Lehramtsanwärtern. In: Schulverwaltung NRW, Nr. 3/98, S. 81–82). Für ein Gelingen von Unterrichtsnachbesprechungen nennt A. Goll drei Bedingungen:

1. „Die Menschenbildannahmen der Ausbilderinnen und Ausbilder müssen dazu führen, dass sie die Lehramtsanwärterinnen und Lehramtsanwärter als autonome, erwachsene Lerner ernst nehmen.
2. Die Unterrichtsnachbesprechungen müssen gleichzeitig in strukturierten Kommunikationsabläufen stattfinden.
3. Dabei muss die Situation allen beteiligten Personen jederzeit transparent sein." (ebd.)

Diese Bedingungen setzt A. Goll in einen transparent gemachten flexiblen Besprechungsplan, in dem die Lehramtsanwärter/innen die Themen der Nachbesprechung festlegen, um. Sie werden dadurch Subjekte des eigenen Lernprozesses (im obigen Sinn).

Der in diesem Kapitel dargestellte Leitfaden greift die Vorgehensweise von A. Goll auf und ist der Versuch, sie auf die Beratungssituation in sozialpädagogische Arbeitsfelder zu übertragen. Das das vorliegende Buch seit mehr als zehn Jahren rege Nachfrage aus der Praxis hat und neu aufgelegt werden konnte, ist ein Beleg, dass dieser Übertrag gelingt.

Beschreibung des Besprechungssystems

Das Besprechungssystem wird in Form von Karten strukturiert und auf einem Tisch ausgebreitet (s. S. 20). Diese visualisierte Form des Gesprächsablaufs bietet für alle am Gespräch beteiligten Personen die gleiche Grundlage. Alle Gesprächsteilnehmer können durch die Transparenz der Methode den Vorgang des Gesprächs verfolgen und/oder beeinflussen. Nach einer Pause (Karte 1) und der Festlegung des Zeitrahmens (Karte 2) werden die Praktikant(inn)en aufgefordert, sich spontan zum Verlauf der zurückliegenden, zu besprechenden Situation zu äußern (Karte 3). Danach stehen die Stärken der Praktikant(inn)en/Auszubildenden im Vordergrund (Karte 4). Die Praktikant(inn)en können somit schon zum Anfang des Gesprächs Sicherheit und Vertrauen in das eigene Handeln gewinnen. Für die Gesprächsleiter (Praxisanleiter oder Lehrkraft) kann dies bedeuten, sich auf die positiven Elemente zu konzentrieren um einer anfänglichen Negativaufzählung entgegenzuwirken.

Die Praktikant(inn)en/ Auszubildenden können dann ihre Problem- und Gesprächsanlässe mithilfe der inhaltlichen Karten thematisieren, d.h. die Gesprächsinhalte werden von ihnen mitbestimmt und nicht durch Schule und Praxis fremdbestimmt (Karte/n 5 – mehrere sind möglich/sinnvoll). So haben die Praktikanten immer die Chance, auch Themen und Fragen anzugehen, die für sie interessant oder unverständlich sind. Der Individualität der Praktikantin/des Praktikanten sowie seines Lern- und Leistungsstandes kann von den ausbildenden Instanzen (Schule, Praxiseinrichtung) auch hier eher entsprochen werden. Unterschiedliche Arbeitsansätze zwischen Theorie und Praxis können situationsbezogen geklärt werden. Für die Praxisanleitung, die neben der Lehrkraft ebenfalls inhaltliche Besprechungskarten bestimmt (Karte/n 5), bedeutet dies, jetzt mehr ihre Vorstellungen und Konzepte einzubringen.

Zusammengefasst: Neben den Praktikanten bestimmen auch die Praxisanleitung und die Lehrkraft die inhaltlichen Besprechungskarten.

Nach Besprechung der inhaltlichen Aspekte werden das Reflexionsverhalten der Praktikant(inn)en und der Ablauf des Gesprächs selbst thematisiert (Karte 6). Zum Schluss erfolgt eine Festlegung des weiteren Vorgehens, evtl. eine Benotung o.Ä. (Karte 7). Durch das „Ziehen“ der Störungskarte kann der Gesprächsverlauf jederzeit unterbrochen werden. Erst nach Bearbeitung der Störung wird das Gespräch fortgesetzt.

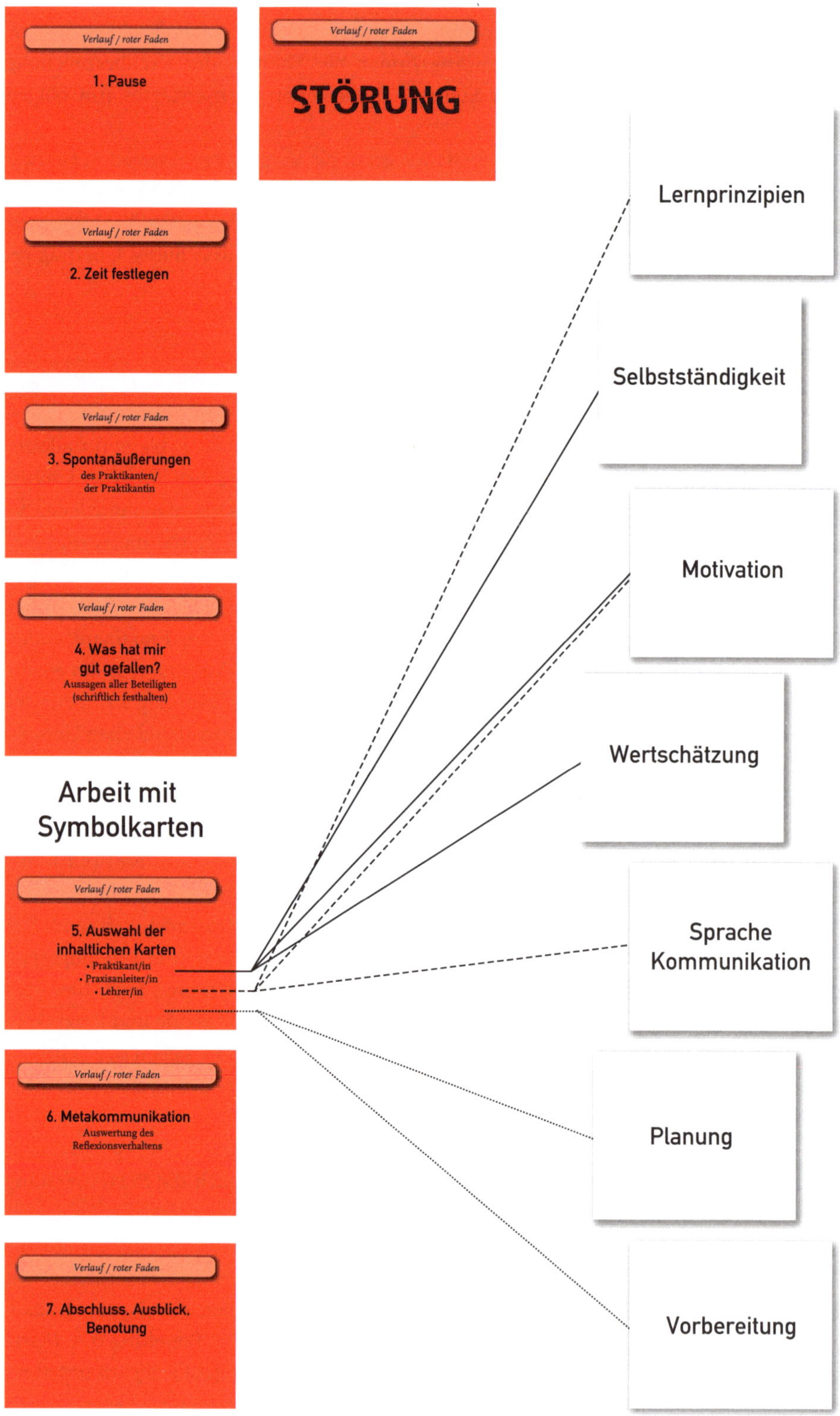
Verlauf / roter Faden
1. Pause
Verlauf / roter Faden
STÖRUNG
Verlauf / roter Faden
2. Zeit festlegen
Verlauf / roter Faden
3. Spontanäußerungen
des Praktikanten/
der Praktikantin
Verlauf / roter Faden
4. Was hat mir
gut gefallen?
Aussagen aller Beteiligten
(schriftlich festhalten)
Arbeit mit
Symbolkarten
Verlauf / roter Faden
5. Auswahl der
inhaltlichen Karten
• Praktikant/in
• Praxisanleiter/in
• Lehrer/in
Verlauf / roter Faden
6. Metakommunikation
Auswertung des
Reflexionsverhaltens
Verlauf / roter Faden
7. Abschluss, Ausblick,
Benotung
Lernprinzipien
Selbstständigkeit
Motivation
Wertschätzung
Sprache
Kommunikation
Planung
Vorbereitung

Der Leitfaden besteht also aus zwei Schwerpunkten:
I. dem formalen Ablauf mit unterschiedlichen Gesprächsphasen,
II. den inhaltlichen Besprechungskarten (Basiskarten und Auswahl weiterer Karten)

I. Darstellung der Gesprächsphasen

1. Karte:
Beginn mit der Pause

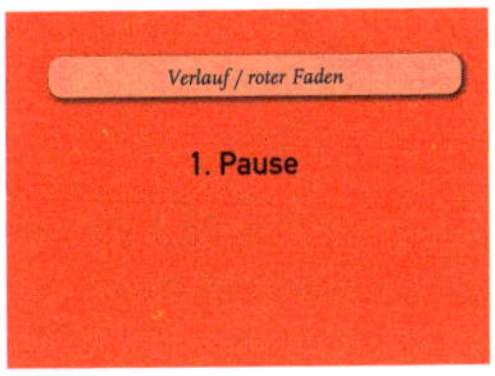

Nach einer Aktion der Praktikantin/des Praktikanten, egal wie Lehrer/in und Praxisanleiter/in diese bewerten, hat die Praktikantin/der Praktikant erst einmal viel geschafft. Er/sie hat eine Planung vorgelegt, die sich an der Kinder-, Jugend- oder Erwachsenengruppe orientiert, evtl. pädagogische Absichten beinhaltet, ihre eigenen Kompetenzen berücksichtigt. Und er/sie hat dies unter Beobachtung vollbracht.

Dies ist eine Leistung, die anerkannt werden sollte. Der Praktikantin/dem Praktikanten sollte jetzt eine Pause zuerkannt werden. Die Pausenkarte signalisiert, dass die Aktion beendet ist und dass die Möglichkeit besteht Luft zu holen usw.

2. Karte:
Festlegung des zeitlichen Umfangs für das Gespräch

Hier gilt, sich auf eine Zeitspanne zu verständigen, die für alle beteiligten Personen annehmbar und akzeptabel ist. In Ausnahmen können auch Reflexionsgespräche aus den genannten Gründen auf einen nächsten Tag gelegt werden.

Grundsätzlich sollte ein Gespräch nicht unter 45 Minuten terminiert werden, um den Praktikant(inn)en reelle Chancen des Rückblicks zu ermöglichen sowie für alle beteiligten Personen einen intensiven Austausch sicherzustellen. Wird das Gespräch aber abweichend nur für 30 Minuten terminiert oder auch für länger, müssen sich alle Parteien darauf gut einstellen können. Die Vereinbarung stellt auch, wie das gesamte System, eine Art Verbindlichkeit dar, die für alle gilt.

3. Karte:
Spontanäußerung der Praktikantin/des Praktikanten

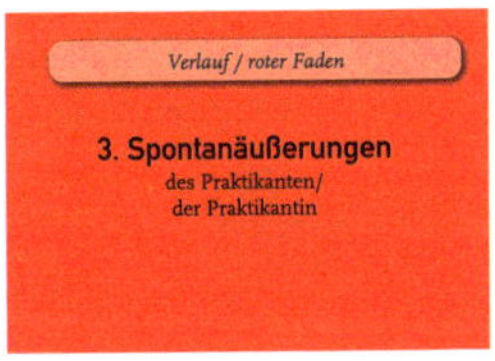

Hier erhält die Praktikantin/der Praktikant die Möglichkeit sich spontan zu äußern. Er/sie kann seine/ihre Gefühle beschreiben: „Ich bin geschafft!", „Es lief nicht so, wie ich es geplant habe", „Die Kinder hören mir überhaupt nicht zu", „Jonas hat mir am besten gefallen, er hat sich völlig anders verhalten", „Mich hat gestört, dass ...

Wichtig ist nicht nur die Tatsache, dass Praktikant(inn)en ihre Gefühle und Eindrücke auszudrücken lernen, sondern dass Lehrer/in und Praxisanleiter/in sich ein Bild über das Befinden der Praktikant(inn)en machen können. Gegebenenfalls kann mit den Symbolkarten gearbeitet werden.

4. Karte:
Positives Feedback von allen am Gespräch beteiligten Personen

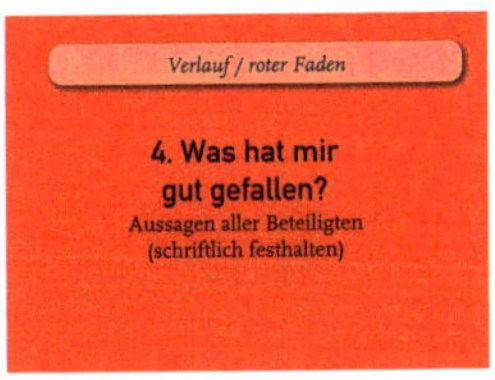

Hier sollen alle am Gespräch beteiligten Personen eine positive Aussage zur Aktion der Praktikantin/des Praktikanten tätigen (Was hat mir gut gefallen?). Im Vordergrund steht, positiv ins Gespräch zu gehen und Mut zu machen. Er/Sie lernt hiermit ebenso, seine/ihre Stärken zu formulieren. Die Aussagen werden gegenseitig angehört und verschriftlicht.

5. Karte:
Auswahl der inhaltlichen Besprechungskarten

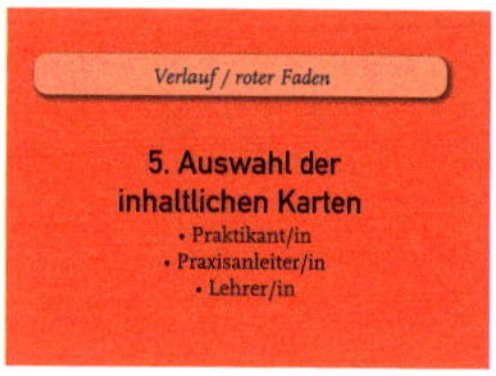

Die Basiskarten und eine Auswahl der inhaltlichen Gesprächskarten werden auf dem Tisch ausgebreitet und liegen allen beteiligten Personen vor.

Die Praktikantin/der Praktikant wählt eine oder zwei Karten aus und reflektiert diesen Gesprächsgegenstand. Lehrer/in und Praxisanleiter/in wählen ebenfalls je eine oder zwei Karten aus. Hier kann es auch zu fachlichen Überschneidungen der gewählten Karten kommen. Ziel ist die Entwicklung eines Gesprächs.

Freie Karten erlauben den Gesprächsteilnehmer(inne)n weitere Aspekte auf die Blankokarten aufzuschreiben und diese zum Gesprächsanlass zu nehmen.

6. Karte:
Metakommunikation – Auswertung des Reflexionsverhaltens

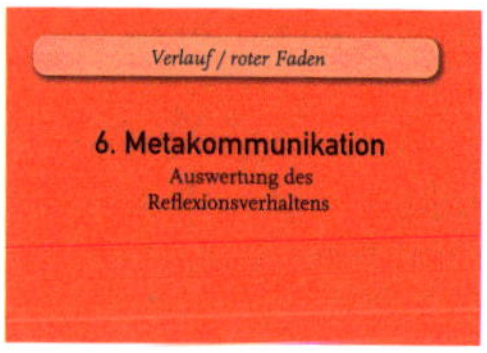

In der Auswertung des Reflexionsverhaltens erhält die Praktikantin/der Praktikant an Beispielen die Information wie ihre/seine Reflexionsfähigkeit bewertet wird. Wichtig ist hier zu unterscheiden, in welcher Ausbildungsphase sich die jeweilige Praktikantin/der jeweilige Praktikant befindet und welche Anforderungen hinsichtlich des Reflexionsverhaltens an ihn/sie gestellt werden.

Studierende im ersten Ausbildungsjahr haben vielleicht noch sehr wenig Erfahrungen und können sich selbst noch nicht so gut reflektieren sowie die Themen der Karten noch nicht inhaltlich konkret füllen.

Im dritten Ausbildungsjahr sollte jede Praktikantin/jeder Praktikant diese Kompetenz in ausreichendem Maße mitbringen und selbstständig weitere Professionalisierungswünsche und deren Umsetzung formulieren können.

7. Karte:
Auswertung und Benotung, Ausblick

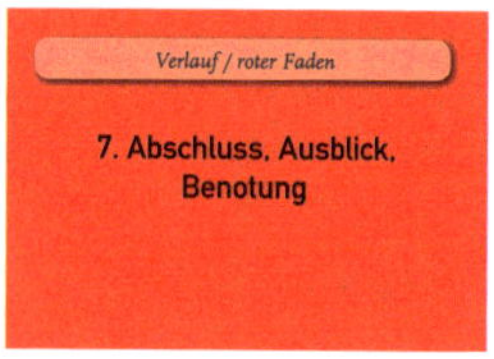

Je nach Ausbildungsstufe erhalten die Praktikant(inn)en die Rückmeldung über ihre persönliche Handlungsfähigkeit und wie diese von der Lehrkraft bewertet wird. Die Entwicklung (oder auch die Nichtentwicklung) sollte festgehalten und ein weiterer Entwicklungsplan aufgestellt werden. Ausgangspunkt sind auch hier die ausgewählten inhaltlichen Gesprächskarten. Ein Kriterium für die Beurteilung kann ebenso das Reflexionsverhalten sein.

Die Benotungskriterien insgesamt sollten (nach Möglichkeit) vor dem Gespräch bekannt sein, um im Vorfeld Sicherheiten zu geben. Individueller Ausbildungsplan: Die Studierende benennt ihre nächsten Ausbildungsinhalte und überlegt, was sie dazu benötigt, diese erfolgreich zu bearbeiten.

Hier sollte die Lehrkraft sowie die Praxisanleiterin beratend tätig werden.

Störungskarte:
Störungen haben Vorrang! (gemäß der TZI-Regel)

Alle Teilnehmer/innen des Gesprächs können die Störung anmelden. Es erfolgt sofort eine metakommunikative Phase.

II. Die inhaltlichen Besprechungskarten

Bei der inhaltlichen Entwicklung der Karten sind wir von wichtigen Aspekten sozialpädagogischer Arbeit ausgegangen. Wir haben uns dabei stark an unserem eigenen Erfahrungsbereich, der Erzieher/innenausbildung orientiert, und zwar für alle Arbeitsfelder von Erzieher/innen, was sich gut für weitere Berufe generalisieren lässt.

Gliederungspunkte waren dabei:

- Basiskompetenzen
- Fachkompetenz
- individuelle Kompetenz
- Sozialkompetenz
- sozialpädagogische Arbeitsfelder
- Instrumente der sozialpäd. Arbeit

Aus diesen Bereichen werden jeweils konkrete inhaltliche Punkte genannt, die auf einer Karte festgehalten und Gegenstand der Reflexion werden können. Die Karten der einzelnen Kategorien haben eine unterschiedliche Farbe (siehe unten). Die Aspekte sind so umfassend, dass nicht alle Situationen, alle Eventualitäten bei der Anfertigung der Karten berücksichtigt werden können. Wichtig ist, dass spezielle Karten für bestimmte Situationen oder auch Personen selbst zusätzlich entwickelt werden können (Blankokarten).

Auswahl der Karten

Unsere Auswahl der Karten ist in Zusammenarbeit mit Lehrer/innen, Fachleuten aus der Praxis und Schüler/innen bzw. Studierenden entstanden. Aufgrund der Erfahrungen, die wir mit dem Kartensystem gemacht haben, haben wir uns auf wenige Basiskompetenzen verständigt. Diese Karten beinhalten wichtige Grundqualifikationen in der sozialpädagogischen Arbeit. Diese Karten sind orangefarben, was ein schnelles Auffinden ermöglicht. Für die Basiskompetenzen und für weitere Kompetenzen ist auf der folgenden Seite eine Übersicht zu den berücksichtigten Aspekten und der jeweiligen Kartenfarbe zusammengestellt.

Innerhalb der Fachkompetenzen (gelb) sind Planungskompetenzen unterschieden (hellgelb). Zusammen mit den individuellen Kompetenzen (grau) und den Sozialkompetenzen (hellbraun) bilden sie die personalen Kompetenzen.

Bei den sozialpädagogischen Arbeitsfeldern haben wir für den Kindergarten/die Kindertagesstätte keine gesonderten Aspekte zusammengestellt, weil die Arbeit dort durch die Karten zur Fachkompetenz und zur Sozialkompetenz schon breit abgedeckt ist. Für den Bereich „Kinder unter drei Jahren“ haben wir jedoch spezifische Karten formuliert, da auf diesen Bereich in fast allen Bundesländern zurzeit ein besonderes Augenmerk gelegt wird (z.B. Umstrukturierung in Kitas). Die weiteren speziellen Arbeitsfelder werden nach „Fremdunterbringung“ (grün) und „Offene Arbeit/offene Betreuungsformen“ (blau) unterschieden. Dabei werden die für die Arbeit mit Jugendlichen/Erwachsenen erforderlichen spezifischen Kompetenzen durch jeweilige Karten zusätzlich berücksichtigt.

Diese Struktur sollte im Einzelfall beim Einsatz des Leitfadens in der Praxis nicht daran hindern, für das Gespräch zu einer Aktion im Kindergarten auch thematisch passende Karten aus dem Jugendbereich auszuwählen (z.B. zu Nähe/Distanz, Konfliktbewältigung, Umgang mit Gewalt o.a.). Entsprechend gelingt die Übertragung auf weitere Arbeitsfelder (auch in anderen Bildungsgängen).

Die Instrumente der sozialpädagogischen Arbeit werden in weiß abgebildet. Einige Begriffe sind dabei mehreren Bereichen zuzuordnen.

Basiskompetenzen (orange)	Mögliche Aspekte: ▪ Humanistische Grundhaltung – Respekt, Achtsamkeit, Würde, Ressourcenorientierung ▪ Kommunikationsfähigkeit, Empathiefähigkeit – entwickeln und weiterentwickeln ▪ Beziehungsfähigkeit, Dialogfähigkeit – konstruktivistische Haltung entwickeln und weiterentwickeln	▪ Partizipation – ermöglichen ▪ Grundbedürfnisse – erkennen und diesen nachgehen ▪ Inklusion /Integration – positiver Umgang mit Diversität ▪ Individueller Entwicklungs-/Ausbildungsstand ▪ Neugierde
Instrumente der sozialpädagogischen Arbeit (weiß)	Mögliche Aspekte: ▪ Kreisdiagramm ▪ Portfolio ▪ Individueller Ausbildungsplan/individueller Arbeitsplan	▪ Umfeld- und Situationsanalyse ▪ Berichte, Protokolle
Fachkompetenz (gelb und hellgelb)	Beispiele zu Karten: ▪ Begründung der Auswahl der Aktion ▪ Beteiligung der Adressaten an der Planung ▪ Vorbereitung	▪ Planung ▪ Reflexion mit den Adressaten ▪ Lern-/Projektprinzipien ▪ Gruppenprozesse erkennen ▪ Fachwissen, theoretischer Hintergrund
Sozialkompetenzen (hellbraun)	Beispiele zu Karten: ▪ Atmosphäre ▪ Kritikfähigkeit ▪ Kommunikation/Sprache ▪ nonverbale Kommunikation (Mimik/Gestik)	▪ Kontakt ▪ Rollendistanz ▪ Umgang mit Grenzen ▪ Wertschätzung
Individuelle Kompetenz (grau)	Beispiele zu Karten: ▪ Entwicklung eines positiven Selbstkonzepts ▪ selbst neugierig sein, Neugierde zulassen ▪ Selbstorganisation	▪ Selbstwahrnehmung/Selbstreflexion ▪ Mut, Risikobereitschaft ▪ Motivation/Engagement ▪ Nähe/Distanz ▪ Darstellungsfähigkeit

Spezielle Arbeitsfelder: Kinder unter drei Jahren (rosa) (nur im Download)	Beispiele zu Karten: ■ Eingewöhnung ■ Entwicklung ■ Bewegung ■ Frühförderung ■ Bindung, Bezugspersonen	■ Spiel, Spielanregung ■ Indirekte Planung von Angeboten ■ Prozessorientierung
Spezielle Arbeitsfelder: Fremdunterbringung (grün)	Beispiele zu Karten: ■ Nähe/Distanz ■ Rollendistanz/Rollenwechsel ■ Diskretion/Intimsphäre ■ Familiensituation der Adressaten ■ Perspektiven der Adressaten	■ Besuchskontakte ■ Konfliktbewältigung ■ Umgang mit Gewalt, Trauer, Verlust ■ Umfeldanalyse ■ Integration ■ Schichtdienst ■ Belastbarkeit
Spezielle Arbeitsfelder: offene Betreuungsformen (blau)	Beispiele zu Karten: ■ Besucherstruktur ■ Perspektiven der Adressaten ■ Rollendistanz/Rollenwechsel ■ Umgang mit Drogen (z.B. Medikamente) ■ Konfliktbewältigung/Umgang mit Gewalt	■ Umfeldanalyse ■ Mode/Trends ■ Subkulturen ■ rechtsextreme Tendenzen ■ Integration ■ Programmstruktur ■ Spezielle Bildungsangebote

Praktischer Hinweis

Ein Set der Karten ist in diesem Buch enthalten und kann herausgetrennt werden. Wer für eine intensivere Nutzung haltbarere Kärtchen braucht, kann sich diese natürlich nach der Vorlage leicht selbst anfertigen (auf Karteikarteien schreiben bzw. Karten aus Plakatkarton herstellen; groß mit lesbarer Handschrift arbeiten oder z.B. mittels Computer auf Etiketten drucken und ggf. laminieren).

Beim Verlag können Sie das **Set auch kostenlos als pdf herunterladen**. Gehen Sie auf www.cornelsen.de/berufskompetenz

Geben Sie auf der Startseite als Webcode **Kartenset** ein.

Der praktische Einsatz der Karten

3

Die Auswahl der inhaltlichen Besprechungskarten 3.1

In der Situation eines Praktikumsbesuchs oder einer zu reflektierenden Situation muss eine Vorauswahl über die möglichen zu besprechenden Aspekte getroffen werden. Bei der rückblickenden Reflexion unserer Erfahrungen haben wir festgestellt, dass uns bei allen Praxisgesprächen inhaltliche grundlegende Kriterien der sozialpädagogischen Arbeit fehlten. Deshalb sind jetzt die „Basiskarten" eingefügt – geben nun eine wegweisende Richtung in der sozialpädagogischen Arbeit an. Sie fußen auf dem schon beschriebenen inhaltlichen Vorspann dieses Buches und sind für uns die Umsetzung des inhaltlichen Exkurses. Auch die Farbe orange – schnell im Set zu finden – hat eine kleine Signalwirkung, die nochmals unterstützt, dass diese Karten von Wichtigkeit sind.

Wie auch der strukturierte Gesprächsablauf (rote Karten) sollten die Basiskarten auf dem Tisch liegen.

Weitere neue Karten beziehen sich auf die Instrumente der sozialpädagogischen Arbeit: Das Soziogramm/Soziomatrix gibt der Schülerin/dem Schüler, den Studierenden/Studenten Aufschluss und Übersicht über die einzelnen Gruppierungen in der Einrichtung. Das Kreisdiagramm veranschaulicht die Nähe bzw. Distanz vom Studierenden zu den einzelnen Adressaten. Der Ausbildungsplan bzw. Entwicklungsplan oder das Führen eines Ausbildungsportfolios werden über eine Karte ebenso thematisiert, da dies Aufschluss über die eigenverantwortliche Arbeit des/der Studierenden gibt sowie ihre unterschiedlichen Kompetenzniveaus verdeutlichen kann. Alle Materialien sind geeignet, den individuellen Ausbildungs- und Lernweg zu gestalten und auszuwerten (siehe auch: Umfeld- und Situationsanalyse, Protokolle und Berichte).

Weiterhin empfehlen wir für die Fachschulen oder Hochschulen grundsätzlich, eine Vorabauswahl, je nach Praktikumsaufgabe und Jahrgangsstufe, vor dem Praktikum zu treffen und diese einheitlich zumindest für alle Kollegen/Kolleginnen und Schüler/Schülerinnen bzw. Studierenden festzulegen, besser noch mit ihnen zusammen. Diese Vorauswahl kann sinnvoll im Unterricht entwickelt werden.

Für den Bereich Praxis empfehlen wir die gemeinsame Festlegung von Praxisschwerpunkten und dementsprechenden Karten mit dem Praktikanten/der Praktikantin, je nach Ausbildungsstand und Ausbildungsphase.

Sinnvoll ist natürlich ein Austausch zwischen Praxis und Bildungsstätte über die jeweils getroffene Auswahl.

Neben diesen gemeinsam entwickelten Aspekten sollte jeder Praktikant/jede Praktikantin die für seine/ihre persönliche Entwicklung wichtigen Aspekte festlegen. In der konkreten Situation kommt es also zu einer „Verschränkung" von individuellen, sachbezogenen und sozialen Kompetenzen.

Kriterien und Beispiele für die Auswahl

Für die konkrete Auswahl der Karten könnten folgende Gesichtspunkte wichtig sein:

- verschiedene Ausbildungsphasen
- verschiedene Arbeitsfelder
- persönliche Entwicklungen
- unterschiedliche Konzeptionen in der sozialpädagogischen Praxis
- Alltagssituationen

Dazu geben wir nachfolgend einige Beispiele.

Beispiel zum Beginn der Ausbildung

- Humanistische Grundhaltung
- Kommunikationsfähigkeit
- Dialog und Beziehungsfähigkeit
- Orientierungsfähigkeit
- Selbst neugierig sein
- Entdeckende Beobachtung
- ...

Diese Kriterien für den Beginn sind unserer Meinung nach gerade zu Beginn der Ausbildung sehr wichtig, um der/dem Auszubildenden die Möglichkeit der guten Orientierung über die Inhalte der Ausbildung und deren Umsetzung in die Praxis zu ermöglichen. Hier kann sehr gut mit Kompetenzstufen gearbeitet werden.

Beispiel für einen sozialpädagogischen Arbeitsbereich/Fremdunterbringung

- Distanz – Nähe
- Diskretion
- Einsatzbereitschaft
- Einfühlungsvermögen
- Umgang mit Grenzen
- ...

Beispiel für die individuelle Entwicklung

- Einsatzbereitschaft
- Engagement
- Entwicklungsprozess
- Kommunikation/Sprache
- Kooperationsfähigkeit
- ...

Beispiel für eine Alltagssituation

- Vorbereitung und Planung direkter und indirekter Angebote
- Einzelgespräche
- Umsicht
- Gesprächsleitung
- Atmosphäre
- ...

Beispiele für unterschiedliche Konzeptionen, z.B. offene Einrichtung und offene Betreuungsformen

- Übersicht/Umsicht
- Teamfähigkeit
- Struktur und Ablauf
- Beobachtungsfähigkeit
- ...

Die Einführung des Leitfadens in die pädagogische Arbeit einer Schule und einer sozialpädagogischen Einrichtung 3.2

Der Leitfaden sollte den betroffenen Praktikant(inn)en, dem Kollegium, dem Team vorgestellt und die Benutzung geübt werden.

Lehrerkollegium/Dozentenkreis

Die Vorstellung und Diskussion im Lehrerkollegium sollte Priorität haben. Alle Kolleginnen und Kollegen, die Praxisbesuche durchführen, sollten den Leitfaden kennenlernen und diskutieren können.

Auch Kolleginnen/Kollegen die keine Praxisbesuche durchführen, sollten die Möglichkeit in ihrem Unterricht nutzen, inhaltliche Karten einzusetzen und somit auf das Praktikum vorzubereiten (Basiskarten, Planungskarten etc.). Wir empfehlen den Kreis der Lehrkräfte, die die Studierenden in der Praxis konkret begleiten, möglichst klein zu halten. Gerade bei den thematischen Gesprächskarten sollte ein inhaltlicher Austausch der Lehrkräfte erfolgen. Eine annähernde Vergleichbarkeit kann erreicht werden, wenn sich eine Schule entscheidet, das System für alle Beratungsgespräche verbindlich einzusetzen und die Inhalte zu ihrem Grundlagen festschreibt.

Praxisstellen

Das System sollte in den sozialpädagogischen Praxisstellen vorgestellt und kommentiert und diskutiert werden. Schön wäre es, auf einem Praxisanleiter/innen-Treffen oder in Teambesprechungen dies schon zu besprechen.

Für die Fachschule für Sozialpädagogik bietet sich hier ebenso der sozialpädagogische Beirat an. Eine solche Vorabinformation erleichtert die Arbeit mit den Karten, ist aber (für uns) nicht zwingend notwendig.

Praktikantinnen/Praktikanten

Notwendig ist jedoch, dass die Praktikantinnen und Praktikanten die Karten kennen und damit im Unterricht schon vertraut gemacht wurden. Sinnvoll kann es auch sein, die Praktikant(inn)en an der Entwicklung oder Auswahl der Karten zu beteiligen (s.o.).

Die Einführung des Leitfadens bietet zugleich die Gelegenheit zur intensiven Diskussion über die wichtigen Inhalte der Ausbildung oder über wichtige Qualifikationen für die Tätigkeiten in sozialpädagogischen Arbeitsfeldern und unterstützt so die Integration von Theorie und Praxis.

3.3 Erfahrungen mit dem Reflexionssystem

Da das Besprechungssystem anfangs in der Erzieher/innen- und der Kinderpflegeausbildung erfolgreich eingesetzt wurde, liegen dafür die umfassendsten Erfahrungen vor. Durchweg wurde dabei das Reflektieren mithilfe der Karten als positiv erlebt. Der klare Verlauf gibt eine Struktur vor, die Sicherheit und Orientierung gibt. Die Erfahrungen der einzelnen Gruppen von Beteiligten lassen sich wie folgt zusammenfassen:

Praktikantinnen/Praktikanten

- Die Praktikant(inn)en fühlten sich ernst genommen und in ihrer Professionalisierung unterstützt.
- Die Spontanäußerungen erlauben, die Gefühlslage zu erklären.
- Die positiven Aspekte der Aktion werden deutlich hervorgehoben, die Stärken stehen im Vordergrund.
- Das Reflexionsgespräch bekommt einen anderen, eigenen Stellenwert, wird nicht mehr nur als Anhängsel der durchgeführten Aktion/der beobachteten Situation betrachtet.
- Das Reflektieren wurde als fachlicher und viel konkreterer Austausch und als bedeutend stärker selbstbestimmt empfunden.
- Emotional fühlen sich die Praktikanten/Praktikantinnen angenommen und weitaus weniger persönlich kritisiert.
- Es ist jetzt eine stärkere Vergleichbarkeit der Reflexionsgespräche gegeben (Struktur und abgestimmte Inhalte)

Lehrkräfte

- Die Lehrkräfte fühlen sich durch das Verfahren deutlich entlastet. Auch sie loben die klare Struktur und den eindeutigen Verlauf des Gespräches.
- Das Reflexionsgespräch wird durch den Praktikanten/die Praktikantin mitbestimmt. Die Lehrkraft hat eine mehr moderierende und damit eine weniger dominante, d.h. von seiner/ihrer Person stärker losgelöste Funktion. Eine Vergleichbarkeit der Reflexionsgespräche ist stärker gegeben.
- Es wird auch für die Lehrkräfte deutlich, ob die theoretischen Unterrichtsinhalte auf die praktische Arbeit mit den Adressaten übertragen werden können. Evtl. kann auch eine veränderte Ausrichtung des Unterrichts erfolgen.

Praxisanleiter/innen

- Die Praxisanleiter/innen werden durch das Verfahren sehr viel stärker in den Reflexionsprozess mit einbezogen und sie sind durchweg interessiert und begeistert von der Methode.
- Die im Leitfaden angelegte Gleichwertigkeit von Lehrkräften und Praxisanleiter/in beim Gespräch wird als besonders positiv angesehen. Sie möchten das Verfahren in der Praxisanleitung selber anwenden.

- Das Reflexionsverfahren wird zum Teil auch in hausinternen Besprechungen eingesetzt.

Natürlich zeigt die Erprobung auch Probleme und Schwierigkeiten auf.

Was als schwierig/negativ empfunden wurde ...
- Nicht alles kann mehr erzählt werden, sondern alle Beteiligten müssen sich an die gewählte Gesprächskarte halten, es besteht die Befürchtung, dass nicht alles Wichtige angesprochen werden kann. Weniger ist mehr!
- Nicht alles Positive kann ausgiebig erzählt werden.
- Für einige Auszubildende ist es am Anfang schwierig, sich auf das System einzulassen, da es eine hohe Konzentration auf die Inhalte und auf das eigene Verhalten beinhaltet.
- Bei Nichtanwendung des Besprechungssystems einzelner KollegInnen kann es bei den Reflexionsgesprächen sowie bei deren Benotung zu Situationen kommen, bei denen die Auszubildenden die Inhalte des Gespräches wie auch die Benotung als „Ungleichbehandlung“ erleben und kritisieren. Hier sind die Teilnehmerinnen eines Bildungsganges gefragt, dies zu thematisieren und Lösungsmöglichkeiten zu suchen.

Weitere Möglichkeiten 3.4

Über die Verbesserung der Praxisgespräche hinaus bietet die Einführung des Leitfadens die Möglichkeit, eine Reihe pädagogischer Veränderungen zu initiieren. Einige Aspekte:
- Bei der Erarbeitung der konkreten inhaltlichen Karten kann die einzelne Bildungsstätte aufgrund ihrer Richtlinien die für sie wichtigen Ziele entwickeln und diskutieren (s.o.).
- Anhand des Leitfadens ist es denkbar, dass die Schüler/innen bzw. Studierenden ihre Gesamtentwicklung oder verschiedene Entwicklungsbereiche selbstständiger planen und individuelle Schwerpunkte setzen.
- Die Auszubildenden haben die Möglichkeit, gemeinsame gute Erfahrungen zu diskutieren und voneinander zu lernen (Ausbildungsplan-Portfolioarbeit).
- Auf gemeinsamen Veranstaltungen kann die Erarbeitung auch in Zusammenarbeit von Praktikant(inn)en, Lehrkräften und Praxisanleitung erfolgen.
- Für die weitere Gestaltung des Unterrichts können konkrete Praxiserfahrungen anhand der Karten thematisiert werden.

Einsatz in der Beratungsarbeit

4

Beispiele sind die Beratung in der Justizvollzugsanstalt oder in der Arbeit mit psychisch kranken oder mit drogenabhängigen Menschen

Die Kartenmethode kann auch für Gesprächssituationen mit Klienten eingesetzt werden. In der Justizvollzugsanstalt oder in der Psychiatrie stellt unser Gesprächsleitfaden in abgewandelter Form eine ressourcenorientierte, aber auch eine einfache und gut überschaubare Methode zur Strukturierung von Beratungsgesprächen dar.

Der Klient/die Klientin erlebt sich als selbstwirksam und kann den Prozess durchschauen.

Das Verfahren verläuft in der Abfolge wie im Austausch mit Studierenden oder Auszubildenden. Es beginnt mit einer Pause, um einen Übergang zu schaffen, um den Klienten aus dem Alltag abzuholen. Dann wird der Zeitrahmen festgelegt. Auch hier empfehlen wir 45 Minuten nicht zu überschreiten.

Danach geht es um das Erkennen und das Beschreiben des derzeitigen Zustandes, um die gefühlsmäßigen Aspekte im Leben. Hier bietet es sich an, auch mit den Bildkarten zu arbeiten. Sie erlauben einen intuitiven Zugang zu den Gefühlen und ermöglichen auch weniger sprachgewandten Menschen sich auszudrücken.

Hiernach erfolgt die Benennung der positiven Punkte. Es kann an Erlebnisse, Ereignisse, Situationen, Erfolge, die zurzeit positiv bewertet werden, angeknüpft werden. Berater/in und Klient/in entwickeln diese im Dialog.

Die Auswahl der inhaltlichen Karten erfolgt von beiden Seiten. Der Klient/die Klientin überlegt, an welchen Punkten er/sie arbeiten möchte. Die Karten sollten im Team vorstrukturiert werden, ferner bietet sich die Möglichkeit, Karten mit dem Klienten zu entwickeln. Es empfiehlt sich, eine Beschränkung auf wenige Karten (1 bis 3 Karten).

Hierbei bekommt der Klient/die Klientin im Dialog mit dem/der Berater/in einerseits Rückmeldung und entwickelt andererseits auch konkrete Perspektiven. Diese versucht er/sie dann schrittweise umzusetzen.

Das Gespräch kann auf der Metaebene ausgewertet werden. „Wie geht es Ihnen jetzt nach der Beratung?“ Im Ausblick werden die nächsten konkreten Schritte vereinbart.

Verlauf

- Pause: Abholen aus dem Alltag, Übergang schaffen, Tee trinken ...
- Zeit: Zeitrahmen und Struktur festlegen
- Spontanäußerung: Mithilfe von Gefühlskarten (Symbole) beschreibt der/die Klient/in seinen augenblicklichen Gefühlszustand
- Was läuft gut?: Anknüpfen an positive Erlebnisse, Ereignisse, Situationen, Erfolge ...
- Auswahl der inhaltlichen Karten:
  Was nehme ich mir vor? An welchen Punkten will ich arbeiten?
  Wo sieht der Klient/die Klientin bzw. Berater/die Beraterin Handlungsbedarf
- Auswertung – Metaebene mit Auswertung der Gesprächsituation: „Wie geht es Ihnen jetzt nach der Beratung?“
- Ausblick: Entwicklung von Perspektive, Vereinbarung der nächsten Schritte

Das Set der Besprechungskarten kann bzw. muss für den Beratungsbereich über die Basiskarten hinaus geeignet erweitert werden. Wir schlagen vor, Karten zu folgenden Aspekten dazuzunehmen:

- Gefühle (hellblau)
- Umgang mit dem Körper (gold)
- Bewältigung des Alltags (hellgrün)
- weitere Kompetenzen: individuelle Kompetenzen, soziale Kompetenz (türkis)
- Perspektiven, Ausblick (lila)

Vorgeschlagene Karten

Gefühle (hellblau)	Beispiel zu Karten ■ Angst ■ Wut ■ Einsamkeit ■ Eifersucht ■ Freude ■ Zuversicht ■ Traurigkeit	■ Hoffnung ■ Liebe ■ Trostlosigkeit ■ Ehre ■ Verachtung ■ Bewunderung ■ Neid	■ Rivalität ■ Freundschaft ■ Feindschaft ■ Gleichgültigkeit ■ Leidenschaft ■ Impulsivität ■ (außer) Kontrolle
Umgang mit dem Körper (gold)	Beispiele zu Karten: ■ Aussehen ■ Ideale ■ Ausdruck ■ Sexualität ■ Pflege ■ Diät	■ Missbrauch ■ Schönheit ■ Handicap ■ Drogen ■ Alkohol ■ Medikamente ■ Sport	■ Bewegung ■ Kraft ■ Ernährung ■ Krankheit ■ Arztbesuch ■ Selbstverletzung
Bewältigung des Alltags (hellgrün)	Beispiele zu Karten: ■ Orientierung ■ Umgang mit Geld ■ Kontoführung ■ Tagesstruktur ■ Zeiteinteilung ■ Kochen ■ Einkaufen	■ Waschen ■ Putzen ■ Sauberkeit ■ Umgang mit Medien ■ PC, TV ■ Rituale ■ Interessen, Hobbys	■ Nachbarn/Kontaktpflege ■ Putzen ■ Sauberkeit ■ Fertigkeiten ■ Arbeiten ■ Wissen

Weitere Personale Kompetenzen (türkis)	Beispiele zu Karten: ■ Neugierde: selbst neugierig sein, Neugierde zulassen ■ Selbstorganisation ■ Umgang mit Nähe/Distanz ■ Mut, Risikobereitschaft ■ Motivation/Engagement ■ Modell/Vorbild sein ■ Selbstwahrnehmung/Selbstreflexion	■ Durchhaltevermögen ■ Kommunikationsfähigkeit ■ Empathiefähigkeit ■ Respekt, Achtsamkeit, Würde ■ Beziehungsfähigkeit ■ Grundbedürfnisse erkennen und diesen nachgehen ■ Ressourcenorientierung ■ Dialogfähigkeit ■ Selbstwirksamkeit	■ Wertschätzung ■ Kontakt, Beziehungsfähigkeit ■ Umgang mit Grenzen ■ Einsatzbereitschaft ■ Kritikfähigkeit ■ Teamfähigkeit ■ Kommunikation/Sprache ■ Nonverbale Kommunikation, Mimik, Gestik ■ Kooperationsfähigkeit
Perspektiven, Ausblick (lila)	Beispiele zu Karten: ■ Familie ■ Beruf/Ausbildung ■ Wohnen ■ Schule	■ Geld ■ ambulante Hilfen ■ Frau/Mann ■ Freunde ■ Therapie	■ Entzug ■ Führerschein ■ Qualifikationen ■ Wissen ■ Fertigkeiten

Um das Material übersichtlich zu halten, sind diese wahlweise zu nutzenden, erweiterten Karten nicht in diesem Buch abgedruckt. Sie sind jedoch in dem Kartenset erhalten, das unter www.cornelsen.de/berufskompetenz unter Eingabe des Webcodes kartenset heruntergeladen und dann ausgedruckt werden kann.

Zusammenfassende Anleitung zum Umgang mit den Karten

5

Anleitung

1. Die Karten heraustrennen und ausschneiden (oder Set als Vorlage für die Anfertigung von Pappkarten benutzen, siehe Tipps unten).
2. Die roten Karten (Gesprächsverlauf) als Leiste untereinander legen.
3. Auslegen der Symbolkarten.
4. Die Basiskarten sowie die Instrumente der sozialpädagogischen Arbeit gut sichtbar oben und unten auslegen.
5. Die anderen farbigen Karten je nach Auswahl neben die Leiste anordnen. Hierbei sollte nach Schwerpunkten unterschieden werden. Wir empfehlen, die Vorauswahl maximal auf ca. 10 Karten zu begrenzen.

Tipp: Wer für eine intensivere Nutzung haltbare Kärtchen braucht, kann sich diese natürlich nach der Vorlage leicht anfertigen. Z.B. schreibt oder druckt man die Kartenbeschriftungen auf passende Karteikarten. Oder man druckt das Kartenset aus, klebt es auf Plakatkarton auf und zerschneidet es anschließend passend. Man kann die selbst hergestellten Karten natürlich auch laminieren.

Die Farben sollen bei der Orientierung helfen, hier nochmals zusammengestellt:

Rot	= Verlaufskarten
Orange	= Basiskompetenzen
Gelb	= Fachkompetenzen
Hellgelb	= Fachkompetenzen/Planungskompetenzen
Grau	= Individuelle Kompetenzen
Hellbraun	= Sozialkompetenzen
Rosa	= spezielles Arbeitsfeld Kinder unter drei Jahren
Grün	= spezielles Arbeitsfeld Fremdunterbringung
Blau	= spezielles Arbeitsfeld offene Arbeit, offene Betreuungsformen
Weiß	= Instrumente der sozialpädagogischen Arbeit
Blanko-Karten	= um allen Beteiligten die Möglichkeit zu geben, weitere Besprechungskarten in der Situation hinzuzufügen

Handhabung

- Rote Störungskarte besprechen und an den Rand stellen.
- Möglich ist die Verwendung eines Spielsteins, um die Gesprächsphasen zu markieren.
- Wenn die Auswahl der Besprechungskarten getroffen ist, sollten diese gut sichtbar aus dem Besprechungssystem herausgenommen werden und einen freien Platz vor der Praktikantin/dem Praktikanten bekommen.
- Nach dem Abschluss des Gesprächs kann es in der Anfangsphase gut sein, mit den beteiligten Personen kurz über die Reflexionsmethode zu sprechen (positive und negative Rückmeldung).

5.2 Instrumente für die sozialpädagogische Arbeit

Das Kreisdiagramm

Die sozialpädagogische Fachkraft zeichnet sich in die Mitte und bestimmt von da aus die Nähe bzw. Distanz zu den Adressaten. Dieses Verfahren kann helfen, sich schnell einen Überblick über Beziehungen zu den Adressaten zu machen, selbst ressourcenorientierte Zugänge zu erarbeiten oder auch dieses Diagramm als Gesprächsgrundlage im Team anzuwenden. Das Diagramm kann in regelmäßigen Abständen neu angefertigt werden und kann dann Aufschluss über mögliche Veränderungen in der Beziehung zu den Adressaten geben.

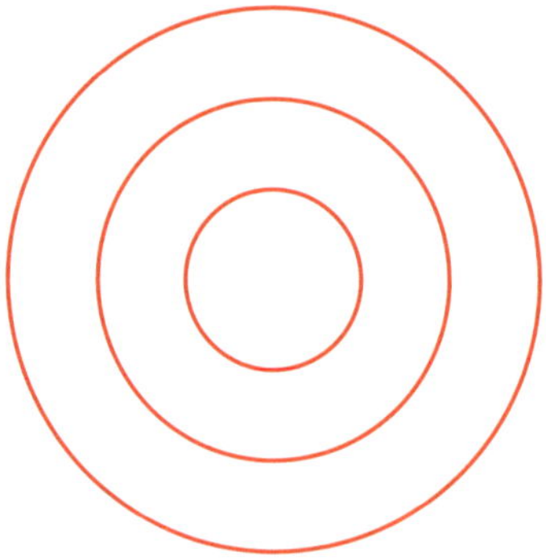

Das Soziogramm/Soziomatrix

Es kann in der Erarbeitung eine visuelle Hilfe sein, sich der unterschiedlichen Gruppierungen bewusst zu werden und einzelne Adressaten, die nicht einzelnen Gruppierungen zugehören, deutlich zu machen sowie eine mögliche pädagogische Arbeit mit den Adressaten anzuregen. Hier sei besonders auf die Aspekte „Gender“ sowie Integration/Inklusion hingewiesen.

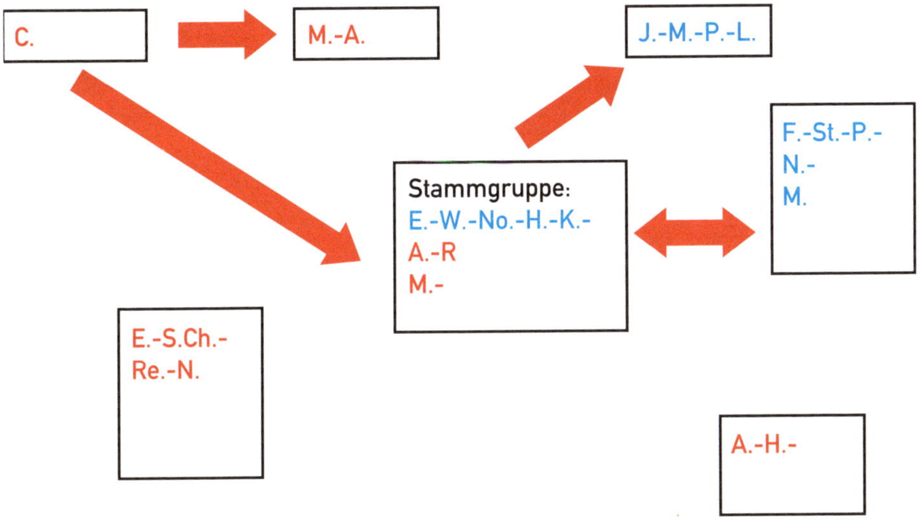

Der individuelle Ausbildungsplan/Arbeitsplan

Er gibt Aufschluss

a) über die Fähigkeiten, Fertigkeiten, Kompetenzen, die von der Auszubildenden, Studierenden, Studentin schon mitgebracht oder entwickelt wurden
b) über die Fähigkeiten, Fertigkeiten, Kompetenzen, die noch nicht entwickelt wurden
c) über die vereinbarten nächsten Schritte, die zur Erlangung der Kompetenzen führen könnten
Hierbei ist es wichtig, dass die Auszubildende diese selbst benennt und Verantwortung für ihre Ausbildung übernimmt. Sie/er benennt in welchem Zeitrahmen er/sie eine Veränderung erreichen möchte.
d) In regelmäßigen Abständen kann dieser Plan helfen, die Kompetenzen der Auszubildenden zu besprechen und zu aktualisieren.

Fähigkeiten, Fertigkeiten und Kompetenzen, die schon entwickelt wurden	Fähigkeiten, Fertigkeiten und Kompetenzen, die noch nicht entwickelt wurden	Eigenverantwortliche Schritte der Veränderung (Beratung von Praxis – Schule, aber auch anderer Institutionen)

Anhang: „Drehbücher“

6

Zur weiteren Veranschaulichung sind hier „Drehbücher“ für den Einsatz der Methode in vier Fallbeispielen abgedruckt.

1. Drehbuch: Kindertagesstätte, Kindergruppe altersgemischt (2 bis 6 Jahre)

Personen: Jenny, 24 Jahre, Studierende im zweiten Ausbildungsjahr
Gruppenleiterin
Praxislehrerin/Lehrkraft

Praxisstelle: Gruppe von 8 Kindern im Alter von 2 Jahre bis 6 Jahren (dabei 2 Kinder im Alter von 2 Jahren, 4 Kinder im Alter von 4 Jahren, 2 Kinder im Alter von 5 Jahren)

Praxisaufgabe: Gemeinsame Aktion im Bewegungsraum

Verlauf: Eine Planung der Studierenden liegt vor, ein Abstimmen mit der Anleitung war aus organisatorischen Gründen nicht möglich. Jenny hat sich zum Ziel gesetzt, mit der ganzen Gruppe eine Bewegungsstunde zu machen.

Die Studierende lädt die acht anwesenden Kinder in den Bewegungsraum ein. Während die größeren Kinder alleine in das Untergeschoss gehen, bietet sie den jüngeren Kindern ihre Hand an, um die Treppe nach unten zu begehen. Im Bewegungsraum selbst hat Jenny verschiedene Bewegungselemente für die Kinder aufgebaut. Klettergerüst mit Weichmatte, Balancebank, Taststraße, Schaukel, ein rollendes Fass etc.

Die Studierende hat sich überlegt, dass die Kinder alles ausprobieren können. Die großen Kinder sollen möglichst selbstständig die Spielgeräte erproben und die jüngeren Kinder mit Hilfe. Nach einer kurzen Einstimmungsrunde können die Kinder nun an den Spielgeräten arbeiten. Jenny begleitet ein kleineres Kind zur Weichmatte. Hier hochgeklettert, interessiert sich das Kind für die Sprossenwand. Jenny versucht dem Kind zu erklären, dass es dafür noch zu klein ist und schlägt ihm vor, zur Taststraße zu gehen. Das Kind weint. Es möchte zur Sprossenwand, aber Jenny zeigt ihm die Taststraße und redet auf das Kind ein. In der Zwischenzeit haben zwei der größeren Kinder (4 und 5 Jahre) die Schaukel für sich entdeckt und versuchen wild zu schaukeln. Da ein kleines Kind in der Nähe der Schaukel steht greift die Gruppenleiterin ein und nimmt das kleine Kind erst zur Seite, dann auf ihren Schoß. Sie bespricht mit dem Kind zusammen, jetzt zur kleinen Rutschbahn zu gehen. Inzwischen haben die beiden großen Kinder die verschiedenen Materialien auf der Taststraße entdeckt und nutzen sie zweckentfremdet. Sie bewerfen sich mit den verschiedenen Materialien. Jenny greift ein und versucht die Situation im Bewegungsraum zu kontrollieren. Dies gelingt ihr nicht. Die Gruppenleiterin greift ein und regelt für die vier- und fünfjährigen Kinder die weitere Zeit. Jenny übernimmt die beiden jüngeren Kinder und geht spielerisch auf die Kinder ein, führt sie zu den einzelnen Stationen und gibt Hilfestellungen. Zum Ende bittet sie die Gruppenleiterin und alle Kinder in die Mitte und fragt die Kinder wie und was ihnen bei der Aktion gefallen hat.

Sie bittet die Kinder, wieder in die Gruppe zu gehen und bittet die Praxislehrerin vor dem Reflexionsgespräch eine kurze Pause machen zu dürfen. Die Studierende weint.

Für das Praxisberatungsgespräch werden alle Basiskarten (orange) und die folgende Auswahl von Karten zu weiteren Kompetenzen ausgelegt:

Basiskompetenzen **Humanistische Grundhaltung** Respekt, Achtsamkeit, Würde, Ressourcenorientierung	*Basiskompetenzen* **Individueller Entwicklungs-/ Ausbildungsstand**
Basiskompetenzen **Partizipation ermöglichen**	*Basiskompetenzen* **Kommunikationsfähigkeit Empathiefähigkeit** entwickeln und weiterentwickeln
Basiskompetenzen **Inklusion/Integration** positiver Umgang mit Diversität	*Basiskompetenzen* **Grundbedürfnisse** (erkennen und diesen nachgehen)
Basiskompetenzen **Beziehungsfähigkeit – Dialogfähigkeit** (konstruktivistische Haltung entwickeln und weiterentwickeln)	

Fachkompetenzen (Planung) Lernprinzipien **Ganzheitlichkeit**	*Fachkompetenzen* **Grundbedürfnisse erkennen und diesen nachgehen** (z.B. essen, schlafen, pflegen, spielen)
Fachkompetenzen (Planung) **Aktivität**	*Fachkompetenzen* **Umsicht**
Fachkompetenzen (Planung) **Handlungsorientierung**	*Sozialkompetenzen* **Teamfähigkeit**
Individuelle Kompetenzen **Neugierde** selbst neugierig sein, Neugierde zulassen	*Sozialkompetenzen* **Umgang mit Grenzen**

Protokoll-Beispiel

(Die Protokolle sollten nummeriert werden)

Name: Jenny ...	Praxisstelle: Kindertagesstätte, altersgemischte Gruppe
Datum: ...	
Thema: ...	
Planung/Unterlagen: besprochen ❑ eingesehen ❑ lagen nicht vor ❑	
Verlauf: Jenny hat eine Bewegungsstunde mit acht Kindern geplant und für diese Kinder verschiedene Stationen vorbereitet. Nach einer kurzen Einführung motiviert die Studierende die Kinder, die Geräte zu erproben. Die beiden jüngeren Kinder versucht die Studierende selbst zu unterstützen. Nach 10 Minuten schreitet die Gruppenleiterin ein, da eins der jüngeren Kind unter einer Schaukel in Gefahr ist umgestoßen zu werden. Das Ende leitet die Studierende ein und fragt die Kinder wie es ihnen gefallen hat. Die Studierende macht einen sehr überforderten Eindruck und weint.	
Positive Aspekte: ...	
Reflexionsgespräch/Karten: ...	
Student/in:	
Praxisanleitung:	
Lehrkraft:	
Vereinbarungen:	
Note: Unterschrift Praxisanleitung Unterschrift Lehrkraft Unterschrift Studierende/r	

2. Drehbuch: Seniorinnenwohnheim-Altenstift St. Anna

Personen: Kathrin, 24 Jahre, Studierende im ersten Ausbildungsjahr
Praxisanleiterin / Gruppenleiterin in der Wohngruppe
Lehrkraft

Praxisstelle: Altenstift ..., Wohngruppe mit acht Plätzen. Hier leben acht Frauen im Alter von 75 bis 90 Jahren. Alle Frauen können das Bett verlassen, das Essen gemeinsam in einem Tagesraum einnehmen, und fast immer an Aktivitäten in der Gruppe teilnehmen. In der Gruppe werden verschiedene Aktivitäten innerhalb und außerhalb der Einrichtung angeboten (Kinobesuch, einkaufen von persönlichen Gegenständen oder besonderen Esswaren etc.) Alle nehmen einmal in der Woche an einer Gruppenaktion teil (kochen, Plätzchen backen, musizieren, singen, einen Film anschauen etc.) Alle Frauen zeigen großes Interesse für nette Kleidung. Kathrin hat beobachtet, dass sich alle Frauen gerne schick kleiden und sich oft über Mode unterhalten. Sie erzählen sich von der Mode als sie jung waren und welche Mode jetzt wiederkehrt. Wenn sie mit einer Mitarbeiterin einkaufen waren, zeigen sie ihre neuen Röcke und Blusen gerne in der Wohngruppe. Kathrin schlägt den Damen ihre Aktion vor. Die Aktion wird von allen Frauen einstimmig und mit Freude angenommen.

Praxisaufgabe: Gestalten eines Halstuches aus Seide mit Seidenmalfarben

Verlauf: Kathrin kann in ihrer Planung Beobachtungen beschreiben und die Ziele bezüglich ihrer Aktion gut benennen. Ferner kann die Studierende die motorischen Fähigkeiten der einzelnen Frauen gut beschreiben und damit auch Differenzierungen in der konkreten Umsetzung benennen. Um den Frauen auch gerecht werden zu können, plant die Studierende je an einem Donnerstag mit der Hälfte der Frauen zu arbeiten. Da die Atmosphäre in der Wohngruppe fast immer sehr gut ist, gelingt es Kathrin, die Frauen in zwei Gruppen aufzuteilen, wobei sie die Teilnehmerinnen mitentscheiden lässt.

Kathrin beginnt die Aktion mit einer kleinen Tischrunde, in der sie ihre Beobachtungen schildert und sich auch über den guten Geschmack der Teilnehmerinnen äußert. Sie macht deutlich, dass sie sich auf das Arbeiten mit der Gruppe freut und gespannt ist auf die entstehenden Werke.

Frau A.`s Tagesverfassung ist an diesem Tag nicht sehr gut. Sie äußert Ängste, dass sie etwas nicht kann und dass ihr Tuch nicht schön wird. Kathrin geht darauf ein und erklärt sehr deutlich, dass dies nicht passiert und dass sie keine Angst haben sollte. Frau A. lässt nicht locker. Sie erklärt, wie wenig sie noch mit den Händen machen kann und dass selbst das Schreiben nicht gut funktioniert. Kathrin kann Frau A. beruhigen, indem sie nicht wie geplant mit ihrer Aktion anfängt, sondern zuerst die großen Quaste und Schaumstoffbälle zeigt, mit denen die Frauen die Farbe auftragen können. Um den Frauen schnell ein Erfolgserlebnis zu sichern, hat die Studierende die Seide bereits auf Rahmen aufgezogen, den Boden mit Folien abgedeckt und verschiedene Materialien zum Auftragen der Farbe bereitgestellt. Die Frauen ziehen somit sehr rasch ihre alten Schürzen an und können zum Teil allein oder mit wenig Hilfe die Farbe auftragen.

Kathrin gibt Hilfestellung bei Frau A. und kümmert sich in besonderer emotionaler Art liebevoll um die alte Dame. Kathrin freut sich in der Aktion über das Interesse am Farbenspiel auf der Seide und lenkt die Aufmerksamkeit der Frauen immer wieder auf die Farbe. Der Einsatz von Salzen, um Effekte auf der Farbe zu erzielen, macht den Frauen besonders Freude. Innerhalb der Aktion zeigt die Studierende große Kommunikationsbereitschaft. Sie spricht die einzelnen Frauen immer wieder sehr individuell an. Nach Fertigstellung der Tücher bittet Kathrin die Frauen um eine Rückmeldung, was ihnen am Besten gefallen hat und fragt nach, ob sie so etwas noch einmal machen würden. Da die Tücher noch fixiert werden müssen, verabredet sich Kathrin mit den Frauen, um sich die Tücher gegenseitig vorzustellen. Zum Ende der Aktion möchte Kathrin den Raum alleine aufräumen. Zwei Frauen wollen ihr gerne mithelfen. Dies lehnt Kathrin allerdings ab. Sie begründet dies jedoch nicht.

Für das Praxisberatunggespräch werden alle Basiskarten (orange), siehe bei Drehbuch 1 und die folgende Auswahl von Karten zu weiteren Kompetenzen ausgelegt:

Fachkompetenzen (Planung) **Aktivität**	Fachkompetenzen **Umsicht**
Fachkompetenzen (Planung) **Handlungsorientierung**	Fachkompetenzen **Umsicht**
Sozialkompetenzen **Kontaktfähigkeit**	Sozialkompetenzen **Wertschätzung**
Sozialkompetenzen **Atmosphäre**	

Das Protokoll lässt sich analog wie bei Drehbuch 1 anfertigen; den Verlauf kann man wie folgt beschreiben:

Verlauf: Die Studierende legt eine differenzierte Planung vor. Sie stützt sich auf Beobachtungen und hat das konkrete Vorhaben mit den Frauen abgesprochen. Zum Anfang kann sie auf Ängste einer Teilnehmerin eingehen und ihre geplante Vorgehensweise verändern. Durch eine eigene Demonstration sowie differenzierte Materialien gelingt es ihr, die Frauen für die Arbeit zu begeistern. Auch hier zeigt sie differenzierte Handlungsweisen im Umgang mit den einzelnen Frauen. Verschiedene Möglichkeiten des Farbauftrags werden geübt – Erfolge können für die Frauen gesichert werden. Zum Ende reflektiert die Studierende kurz mit den Frauen und gibt einen Ausblick auf die nächsten Schritte. Die angebotene Hilfe beim Aufräumen nimmt die Studierende nicht an.

3. Drehbuch: Förderschule mit dem Förderschwerpunkt geistige Entwicklung/ Förderschule - Werkstattstufe

Personen: Etienne, 20 Jahre, Sozialhelfer im zweiten Ausbildungsjahr
Lehrerin und Praxisanleiterin
Lehrkraft im Bildungsgang Sozialhelfer

Praxisstelle: Sonderschule für geistig behinderte Menschen. 100 Schüler in 5 Stufen. Werkstattstufe – 15 Frauen und Männer im Alter von 18 Jahren. Projekt Körperpflege

Praxisaufgabe: Etienne möchte mit Jens und Martin im Projekt Körperpflege arbeiten. Hintergrundinformationen: In verschiedenen Unterrichtseinheiten wurde mit den Schülern das Thema Körperpflege erarbeitet (Haare waschen, Shampoo herstellen, Fingernägel reinigen, verschiedene Arten der Nagelpflege und das Auftragen von Nagellack etc.) Die Schülerinnen und Schüler haben sich zum Projektende als Präsentation gewünscht, einen Nagelservice durchzuführen. Hierzu müssen Plakate geschrieben und Handzettel verteilt werden. Außerdem sollen die Kunden sich wohlfühlen und nach der Dienstleistung die Möglichkeit erhalten, Getränke und Kuchen zu kaufen. Etienne hat die Aufgabe, mit Jens (ist durch seine geistige Behinderung und durch seine Epilepsie stark beeinträchtigt, hat große Probleme sich alleine fortzubewegen und spricht fast gar nicht) und Martin (leicht behindert, kann schreiben und sich gut ausdrücken) die selbst hergestellten Einladungen an alle Klassen zu verteilen.

Verlauf: Es liegt eine Planung des Schülers vor. Sehr gut kann Etienne Jens beschreiben und Ziele für Jens aufzeigen. Dies gelingt ihm bei Martin nicht so gut. Der Verlauf wird kurz in der Planung dargestellt. Eine Reflexion zum Ende der Aktion fehlt, ebenso ein Ausblick auf weitere Projektaktivitäten. Dies gilt für Martin und auch für Jens.

Etienne startet in der Klasse. Er bittet Martin, die Handzettel zu holen, diese Jens zu zeigen und dann in eine Tasche zu legen. Mit Martin bespricht Etienne die Regeln der Aktion. Er spricht Jens an und begleitet ihn durch Unterhaken aus der Klasse. Martin läuft vor und ist schon fast in der nächsten Klasse. Etienne bittet Martin zu warten, bis auch er mit Jens da ist. Martin wartet. Etienne erklärt Martin noch einmal die Regeln und fragt Martin, wer denn nun in der nächsten Klasse spricht und wer die Handzettel verteilt. Martin erinnert sich an das vorherige Gespräch und wiederholt den abgesprochenen Vorgang. Martin spricht vor der Klasse, während Jens mithilfe von Etienne die Handzettel an die Schüler verteilt. In der ersten Klasse klappt dann alles prima. Etienne lobt Martin und Jens macht deutlich, dass er den Weg in die nächste Klasse fortsetzen möchte (ziehen am Arm von Etienne). Etienne freut sich über die Aktivitätsäußerung von Jens und lobt ihn für sein Engagement.

Auch in der nächsten Klasse werden die beiden der Werkstufe nett begrüßt und Lehrer und Schüler freuen sich über die Präsentationseinladung. Beim Ankommen in der nächsten Klasse reißt Martin die Handzettel an sich, spricht die Klasse an und verteilt die Handzettel selbst. Etienne ist sauer und schimpft mit ihm. Er erinnert ihn an die Abmachung und sagt ihm dann, er sollte in die Klasse zurückgehen. Etienne sagt Martin sehr deutlich, dass er keine Lust habe, ihn weiter mitgehen zu lassen. Es entwickelt sich eine aggressive Stimmung zwischen Etienne und Martin. Schlussendlich weint Martin und will wieder mitgehen. Etienne lässt dies nicht zu und bringt Martin in die Klasse zurück.

Auch hier werden für das Praxisberatungsgespräch alle Basiskarten (orange), siehe bei Drehbuch 1 und die folgende Auswahl von Karten zu weiteren Kompetenzen ausgelegt:

Fachkompetenzen (Planung) **Selbstständigkeit**	Sozialkompetenzen **Teamfähigkeit**
Fachkompetenzen (Planung) **Planung** **Didaktisches Vorgehen**	Sozialkompetenzen **Umgang mit Grenzen**
Fachkompetenzen (Planung) **Handlungsorientierung**	Sozialkompetenzen **Einsatzbereitschaft**
Fachkompetenzen (Planung) **Individualität**	

Das Protokoll wird wie in Drehbuch 1 gestaltet und die folgende Verlaufsbeschreibung lässt sich eintragen.

Verlauf: Die Planung ist sehr knapp gehalten. Es fehlen die Schülerbeschreibung von Martin sowie die Ziele der Aktion.

Der Studierende verteilt mit zwei Schülern der Sonderschule Handzettel für eine Präsentation. Er beginnt in der Klasse, bespricht mit den beiden Schülern den Verlauf sowie die Regeln. Auf den schwächeren Schüler geht der Studierende besonders ein. Bei seinem Rundgang durch die Schule ist der Studierende sehr besorgt um den schwächeren Schüler. Im Konflikt mir dem stärkeren Schüler reagiert Etienne sehr emotional. Der Schüler wird in die Klasse zurückgebracht. Etienne verteilt die Handzettel mit dem schwächeren Schüler alleine.

4. Drehbuch: Jugendzentrum, Bereich offene Jugendarbeit

Personen: Elli, 23 Jahre und Joanna, 22 Jahre, Studierende im zweiten Ausbildungsjahr
Praxisanleiterin
Lehrkraft

Praxisstelle: Städtisches Jugendzentrum, offene Kinder- und Jugendarbeit

Praxisaufgabe: Kennenlernen des Jugendzentrums

Hintergrundinformationen: Zurzeit kommen ca. 25 Kinder (7 bis 12 Jahre) in diesen Bereich, meist in der Zeit von 16.00 Uhr bis 18.30 Uhr. Angeboten werden Tätigkeiten wie Basteln, Spiele am Computer, Filme, Spiele auf dem Außengelände-Spielplatz, Brettspiele, Musik hören etc. Viele Kinder sind neu in der Einrichtung und kennen sich noch nicht gut aus. Die beiden Studierenden möchten durch ihre Aktion den Kindern das Haus näher bringen und haben eine große Schatzsuche im Haus geplant.

Verlauf: Die Studierenden sammeln alle Kinder, die Lust haben mitzumachen, im Spielraum und erklären ihnen ihr Vorhaben. Sie motivieren die Kinder, an der Schatzsuche teilzunehmen, um dadurch auch das Jugendzentrum besser kennenlernen zu können.

Mithilfe unterschiedlicher Anforderungen wollen die Studierenden die Kinder in einzelne Räume geleiten, um dort Aufgaben zu erfüllen sowie bei der Lösung der Aufgabe einen Briefumschlag mit Mitteilungen zu erhalten. So muss in einem Raum ein Code geknackt werden um den nächsten Raum ansteuern zu können. Dort gibt es versteckte Zettel, die zusammengesetzt auf den nächsten Raum aufmerksam machen. Danach müssen die Kinder durch ein Spinnennetz aus Wolle klettern, ohne die Wolle zu berühren. Bei einer Berührung ertönt ein Zeichen und die ganze Gruppe muss die Übung erneut durchführen. Im Dachgeschoss gilt es Dinge zu finden, die von ihrer Bestimmung nicht dorthin gehören. Zum Kellergeschoss führt ein Rätsel, das in der Gruppe gelöst werden muss. Schlussendlich haben die Kinder die Aufgabe, die verschiedenen Briefumschläge zu öffnen, diese Hinweise zu deuten um dann einen Schatz in einem Raum zu finden.

Beide Studierende wechseln sich in der Anleitung der Räume ab und unterstützen verschiedene Kinder. Elli unterstützt mehr die jüngeren Kinder, während Joanna Ansprechpartnerin für die älteren Kinder ist. Beide Studierende ergänzen sich und können auch Konfliktsituationen mit den Kindern besprechen und regeln. So kann Elli einen verbalen Konflikt zwischen zwei Mädchen moderieren und eine Lösung mit den Kindern finden und Joanna die älteren Kinder anregen, auch mit den jüngeren Kindern zusammenzuarbeiten bzw. ihnen zu helfen. Die Kinder sind begeistert und setzten das letzte Rätsel zusammen, welches zum Schatz führt. In die Schatztruhe haben die Studierenden Süßigkeiten, Limonade und Kuchen gegeben. Es entsteht eine gemütliche, entspannte Abschlusssequenz. In dieser Sequenz reflektieren die Studierenden mit den Kindern die beiden Schatzsucherstunden: Was war einfach für euch, was war schwer? Welche Anforderung würdet ihr mit sehr gut und welche nur mit geht so beantworten? Am Ende haben die Studierenden für die Kinder eine Urkunde angefertigt, in der das Jugendzentrum, das Thema Schatzsuche sowie der Name des Kindes eingetragen wird. Die Kinder fragen Elli und Joanna, ob sie am nächsten Tag wieder so etwas Tolles machen würden.

Alle Basiskarten (orange), siehe bei Drehbuch 1 und die folgende Auswahl von Karten zu weiteren Kompetenzen werden ausgelegt:

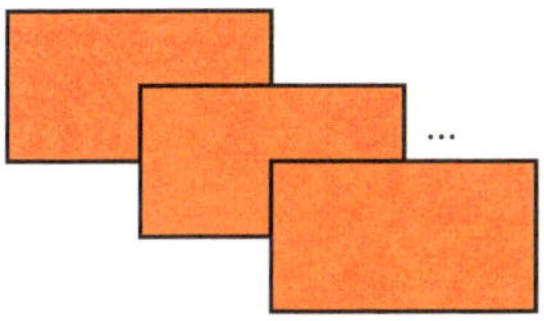

Fachkompetenzen (Planung) **Begründung der Auswahl der Aktivität**	Spezielle Arbeitsfelder (offene Arbeit/offene Betreuungsformen) **Programmstruktur /Angebote**
Fachkompetenzen (Planung) **Reflexion mit den Adressaten**	Spezielle Arbeitsfelder (offene Arbeit/offene Betreuungsformen) **Besucherstruktur**
Fachkompetenzen (Planung) **Kompetenzen-Qualifikationen, Ziele Päd. Absichten**	Fachkompetenzen **Orientierungsfähigkeit**
Fachkompetenzen (Planung) **Planung/Didaktisches Vorgehen**	Fachkompetenzen **Nachhaltigkeit**

Auch hier wird das Protokoll wie in Drehbuch 1 gestaltet und die folgende Verlaufsbeschreibung lässt sich eintragen.

Verlauf: Die Kinder werden von den Studierenden begrüßt. Die Aktion wird vorgestellt und erläutert. Die Kinder gelangen mittels Rätsel in die einzelnen Räume und müssen dort Aufgaben erfüllen. Sie erhalten für die Erledigung einer Aufgabe in jedem Raum einen Briefumschlag. Zum Ende werden die Briefumschläge von den Kindern aufgemacht, zusammengesetzt und der Schatz wird gefunden.

Kartenteil

7

In diesem Teil sind die für alle Arbeitsfelder relevanten Karten abgedruckt:

Von den bereichsbezogenen Karten sind abgedruckt:

Die Karten zu den in dem Buch behandelten übrigen Bereichen (Kinder unter 3 Jahren, Gefühle, Umgang mit dem Körper, Bewältigung des Alltags, weitere personale Kompetenzen, Perspektiven) sind nicht im Buch enthalten.

Sie finden sie in dem **erweiterten Kartenset**, das kostenlos von der Internetseite des Verlags heruntergeladen werden kann (www.cornelsen.de/berufskompetenz aufrufen und als Webcode Kartenset eingeben).

Pfad der Stolpersteine

Gipfel der Erkenntnis

Wald der Hirngespinste

Quelle der Erleuchtung

Feld, das beackert werden muss

Wiese der guten Hoffnung

Straße der Langeweile

mitreißender Fluss

Verlauf / roter Faden

1. Pause

Verlauf / roter Faden

2. Zeit festlegen

Verlauf / roter Faden

3. Spontanäußerungen

des Praktikanten/
der Praktikantin

Verlauf / roter Faden

4. Was hat mir gut gefallen?

Aussagen aller Beteiligten
(schriftlich festhalten)

Verlauf / roter Faden

5. Auswahl der inhaltlichen Karten

- Praktikant/in
- Praxisanleiter/in
- Lehrer/in

Verlauf / roter Faden

6. Metakommunikation

Auswertung des
Reflexionsverhaltens

Verlauf / roter Faden

7. Abschluss, Ausblick, Benotung

Verlauf / roter Faden

STÖRUNG

Basiskompetenzen

Humanistische Grundhaltung
Respekt, Achtsamkeit,
Würde, Ressourcenorientierung

Basiskompetenzen

Kommunikationsfähigkeit
Empathiefähigkeit
entwickeln und weiterentwickeln

Basiskompetenzen

Beziehungsfähigkeit
Dialogfähigkeit
(konstruktivistische Haltung)
entwickeln und weiterentwickeln

Basiskompetenzen

Partizipation
ermöglichen

Basiskompetenzen

Grundbedürfnisse
(erkennen und diesen nachgehen)

Basiskompetenzen

Inklusion/Integration
positiver Umgang mit Diversität

Basiskompetenzen

Individueller Entwicklungs-/ Ausbildungsstand

Basiskompetenzen

Neugierde
(entwickeln und zulassen)

Instrumente der sozialpädagogischen Arbeit

Portfolio

Instrumente der sozialpädagogischen Arbeit

Kreisdiagramm

Instrumente der sozialpädagogischen Arbeit

Umfeld- und Situationsanalyse

Instrumente der sozialpädagogischen Arbeit

Individueller Ausbildungsplan/ Individueller Arbeitsplan

Instrumente der sozialpädagogischen Arbeit

Dokumentation

Instrumente der sozialpädagogischen Arbeit

Berichte – Protokolle

Fachkompetenzen

Nachhaltigkeit

Fachkompetenzen

Orientierungsfähigkeit

Fachkompetenzen

Eingewöhnung - Transition

Fachkompetenzen

Bindungstheorie

Fachkompetenzen

Prävention

Fachkompetenzen

Rechtliche Vorgaben und Rahmenbedingungen kennen und anwenden

Fachkompetenzen

(entdeckende) Beobachtung
Beobachtungsverfahren

Fachkompetenzen

Mediation/Konfliktmanagement

Fachkompetenzen

rundbedürfnisse erkennen und diesen nachgehen
(z.B. essen, schlafen, pflegen, spielen)

Fachkompetenzen

Vernetzung des Arbeitsfeldes mit anderen Institutionen

Fachkompetenzen

Entwicklungsaufgaben für Schulkinder kennen
Freundschaft , Medien, Sexualität, Umwelt, Eltern, Schule, Freunde)

Fachkompetenzen

Erziehungspartnerschaft
Aufbau und Gestaltung

Fachkompetenzen

Entwicklungsaufgaben von Jugendlichen kennen

Fachkompetenzen

Mentorenschaft
Aufbau und Gestaltung

Fachkompetenzen

Organisationsentwicklung

Fachkompetenzen

Regeln
kennen und hinterfragen, einhalten

Fachkompetenzen

Genderaspekte
kennen und berücksichtigen

Fachkompetenzen

Gruppenprozesse
erkennen und steuern

Fachkompetenzen

Wertevermittlung

Fachkompetenzen

Methodenvielfalt
kennen und anwenden

Fachkompetenzen

Gestaltung des Alltages

Fachkompetenzen

Umsicht

Fachkompetenzen

Gruppenleitung
(Organisation, Kooperation, Delegation)

Fachkompetenzen

Sprachlicher Ausdruck

Fachkompetenzen

Exploration – entdeckendes Lernen
unterstützen

Fachkompetenzen

Erziehungsstile – Erzieherverhalten – Erzieherrolle

Fachkompetenzen

Gesprächsleitung/Moderation

Fachkompetenzen

Langsamkeit
(dem Adressaten Zeit und Raum geben)
warten-folgen-in den Dialog gehen
warten-folgen-lenken

Fachkompetenzen

Fachkompetenzen

Fachkompetenzen (Planungskompetenz - Aktivität)

Schlüsselsituation

Fachkompetenzen (Planung - Projektarbeit)

Themenfindung

Fachkompetenzen (Planung)

Begründung der Auswahl der Aktivität

Fachkompetenzen (Planung)

Projektfahrplan

Fachkompetenzen (Planung)

Kompetenzen/Qualifikationen, Ziele, Päd. Absichten

Fachkompetenzen (Planung)

Projektziele (Demokratie, Solidarität, Autonomie) demokratische Verfahren

Fachkompetenzen (Planung)

orbereitung mit den Adressaten

Fachkompetenzen (Planung)

Projektprinzipien Exemplarisches Lernen

Fachkompetenzen (Planung)

Beteiligung der Adressaten an der Planung

Fachkompetenzen (Planung)

Rollen und Aufgaben im Projekt

Fachkompetenzen (Planung)

Planung – Didaktisches Vorgehen

Fachkompetenzen (Planung)

Experimentierfreude – entdeckendes Lernen

Fachkompetenzen (Planung)

Fachwissen – theoretischer Bezug

Fachkompetenzen (Planung)

Öffnung – lebenspraktischer Bezug

Fachkompetenzen (Planung)

Reflexion mit den Adressaten

Fachkompetenzen (Planung)

Projektverlauf – Interessen der Adressaten

Fachkompetenzen (Planung)

Präsentation

Fachkompetenzen (Planung)

Variabilität

Fachkompetenzen (Planung)

Ganzheitlichkeit

Fachkompetenzen (Planung)

Kompetenzerweiterung der Adressaten
(Prozesse, Wissen)

Fachkompetenzen (Planung)

Evaluation

Fachkompetenzen (Planung)

Visualisierungen – Anschaulichkeit und Transparenz

Fachkompetenzen (Planung) Lernprinzipien

Fachkompetenzen (Planung)

Fachkompetenzen (Planung)

Aktivität

Fachkompetenzen (Planung)

Individualität

Fachkompetenzen (Planung)

Handlungsorientierung / Aktivierung

Fachkompetenzen (Planung)

Kreativität

Fachkompetenzen (Planung)

Selbstständigkeit

Fachkompetenzen (Planung)

Lebensnähe

Fachkompetenzen (Planung)

Flexibilität
exemplarisches Lernen

Fachkompetenzen (Planung)

Öffnung
exemplarisches Lernen

Fachkompetenzen (Planung)

Direkte Angebote

Fachkompetenzen (Planung)

Geleitete Aktivität

Fachkompetenzen (Planung)

Indirekte Angebote

Fachkompetenzen (Planung)

Freie Aktivität /z.B. Spiel

Individuelle Kompetenzen

Entwicklung eines positiven Selbstkonzepts

Individuelle Kompetenzen

Neugierde selbst neugierig sein, Neugierde zulassen

Individuelle Kompetenzen

Modell sein Vorbild sein

Individuelle Kompetenzen

Selbstorganisation

Individuelle Kompetenzen

Selbstwahrnehmung/ Selbstreflexion

Individuelle Kompetenzen

Mut, Risikobereitschaft

Individuelle Kompetenzen

Motivation/Engagement

Individuelle Kompetenzen

Nähe/Distanz

Individuelle Kompetenzen

Darstellungsfähigkeit

Individuelle Kompetenzen

Individuelle Kompetenzen

Individuelle Kompetenzen

Sozialkompetenzen

Kommunikation/Sprache

Sozialkompetenzen

Ko-Konstruktion z.B. Mitspiel

Sozialkompetenzen

Nonverbale Kommunikation Mimik, Gestik

Sozialkompetenzen

Atmosphäre

Sozialkompetenzen

Kontaktfähigkeit

Sozialkompetenzen

Wertschätzung

Sozialkompetenzen

Kooperationsfähigkeit

Sozialkompetenzen

Teamfähigkeit

Sozialkompetenzen

Umgang mit Grenzen

Sozialkompetenzen

Rollendistanz

Sozialkompetenzen

Kritikfähigkeit

Sozialkompetenzen

Einsatzbereitschaft

Spezielle Arbeitsfelder (Fremdunterbringung)

Umfeldanalyse

Spezielle Arbeitsfelder (Fremdunterbringung)

Familiensituation

Spezielle Arbeitsfelder (Fremdunterbringung)

Perspektiven der Adressaten

Spezielle Arbeitsfelder (Fremdunterbringung)

Rollendistanz/ Rollenwechsel

Spezielle Arbeitsfelder (Fremdunterbringung)

Belastbarkeit

Spezielle Arbeitsfelder (Fremdunterbringung)

Nähe/Distanz

Spezielle Arbeitsfelder (Fremdunterbringung)

Diskretion und Intimsphäre

Spezielle Arbeitsfelder (Fremdunterbringung)

Dienstplan (Schichtdienst)

Spezielle Arbeitsfelder (Fremdunterbringung)

Absprachen/ Übergabe

Spezielle Arbeitsfelder (Fremdunterbringung)

Besuchskontakte

Spezielle Arbeitsfelder (Fremdunterbringung)

Konfliktbewältigung/ Umgang mit Gewalt

Spezielle Arbeitsfelder (Fremdunterbringung)

Gestaltung der Eingewöhnungsphase x

Spezielle Arbeitsfelder (Fremdunterbringung)

Aufbau und Gestaltung von Mentorenschaft

Spezielle Arbeitsfelder (Fremdunterbringung)

Rechtliche Grundlagen

Spezielle Arbeitsfelder (Fremdunterbringung)

Kooperation mit Ämtern und Fachstellen

Spezielle Arbeitsfelder (Fremdunterbringung)

Arbeit mit der eigenen Biografie

Spezielle Arbeitsfelder (Fremdunterbringung)

Personalschlüssel

Spezielle Arbeitsfelder (Fremdunterbringung)

Spezielle Arbeitsfelder (offene Arbeit/offene Betreuungsformen)

Programmstruktur/ Angebote

Spezielle Arbeitsfelder (offene Arbeit/offene Betreuungsformen)

Besucherstruktur

Spezielle Arbeitsfelder (offene Arbeit/offene Betreuungsformen)

Inklusion/ Integration

Spezielle Arbeitsfelder (offene Arbeit/offene Betreuungsformen)

Training der Gedächtnisleistung, Berufsbildungsangebote, Sprachkurs, Psychomotorik

Spezielle Arbeitsfelder (offene Arbeit/offene Betreuungsformen)

Perspektiven der Adressaten

Spezielle Arbeitsfelder (offene Arbeit/offene Betreuungsformen)

Armut

Spezielle Arbeitsfelder (offene Arbeit/offene Betreuungsformen)

Diskriminierung

Spezielle Arbeitsfelder (offene Arbeit/offene Betreuungsformen)

Rollendistanz/ Rollenwechsel

Spezielle Arbeitsfelder (offene Arbeit/offene Betreuungsformen)

Umgang mit Drogen
(z.B. Medikamente, Alkohol)

Spezielle Arbeitsfelder (offene Arbeit/offene Betreuungsformen)

Finanzierung

Spezielle Arbeitsfelder (offene Arbeit/offene Betreuungsformen)

Politische Gruppierungen

Spezielle Arbeitsfelder (offene Arbeit/offene Betreuungsformen)

Modetrends/ Musiktrends

Spezielle Arbeitsfelder (offene Arbeit/offene Betreuungsformen)

Vernetzung mit anderen Institutionen

Spezielle Arbeitsfelder (offene Arbeit/offene Betreuungsformen)

Beziehungsarbeit/ Einzelgespräche

Spezielle Arbeitsfelder (offene Arbeit/offene Betreuungsformen)

Grundbedürfnisse erkennen und diese beantworten

Spezielle Arbeitsfelder (offene Arbeit/offene Betreuungsformen)

Perspektiven eröffnen – Beratung und Planung von Hilfen

Spezielle Arbeitsfelder (offene Arbeit/offene Betreuungsformen)

Planung von Großveranstaltungen

Spezielle Arbeitsfelder (offene Arbeit/offene Betreuungsformen)